Sigrid Früh
Silvia Studer-Frangi

Verzauberter Bodensee

Sigrid Früh
Silvia Studer-Frangi

Verzauberter Bodensee

Märchen und Sagen

Silberburg-Verlag

2. Auflage 2010

© 2003/2010 by Silberburg-Verlag,
Schönbuchstraße 48, D-72074 Tübingen.
Alle Rechte vorbehalten.
Umschlaggestaltung: Frank Butzer, Tübingen,
unter Verwendung eines Fotos von Rainer Guter, Kißlegg
(Motiv: Schloss Maurach am Bodensee).
Druck: Freiburger Graphische Betriebe, Freiburg im Breisgau.
Printed in Germany.

ISBN 978-3-87407-558-3

Besuchen Sie uns im Internet
und entdecken Sie die Vielfalt unseres Verlagsprogramms:
www.silberburg.de

Inhalt

Von mutigen und klugen Frauen

Von geistlichen und weltlichen Herren

Seltsame und unerklärliche Geschehen

Von Schelmen, Narren und Schlawinern

Vorwort

Die Landschaft des Untersees wird mir zeitlebens fehlen, es sprechen an wenigen Orten so stark wie hier zu jedem Fenster herein See und Wald, Himmel und Wiese zu mir. Ich weiß nicht, ob ich jemals wieder ein Studierzimmer finden werde, zu dem von allen Seiten eine so weite, lichte, unverdorbene Landschaft hereinschaut, und ich meine schon im voraus zu fühlen, wie der Anblick des weiten Wassers, über dem alle Lufterscheinungen so rein und farbig wirken, mir später überall fehlen wird.

Hermann Hesse

Die Region Bodensee erstreckt sich weit über die malerischen Ufer des Sees hinaus. Die Namen »lac de Constance«, »lago di Costanza«, »lake of Constance«, »schwäbisches Meer« benennen den Sammel- und Ausgangsort dieses geografischen, historischen und kulturellen Landes in seiner grenzübergreifenden Ausstrahlung und Bedeutung. Die deutsche Bezeichnung »Bodensee« gibt es wahrscheinlich seit der Karolingerzeit, abgeleitet von der Pfalz Bodman. Zuvor fand auch der Begriff »lacus Brigantinus«, also Bregenzersee, Verwendung.

»Wir gehen zum See« oder »wir waren am See« – damit ist in Baden-Württemberg, in Bayern, Vorarlberg, Liechtenstein, im Thurgau und Sankt Gallischen, im Schaffhauser- und Appenzellerland ohne Frage der Bodensee gemeint. Es soll sogar vorkommen, dass damit im Sarganserland damit nicht der Walen-, sondern eben der Bodensee gemeint wird ...

11

Das ehemalige Herzogtum Schwaben, das mit den Staufern unterging, hinterlässt somit seine Spuren bis in unsere Gegenwart. Bis ins ausgehende Mittelalter hatte der Bodenseeraum nämlich eine staatliche, wirtschaftliche und kulturelle Einheit gebildet und zerfiel erst durch den eidgenössischen Sieg 1499 beim Schwabenkrieg (der in Deutschland Schweizerkrieg genannt wird).

Von den beiden Klöstern Reichenau und Sankt Gallen gingen großartige geistige und agrikulturelle Einflüsse, die in ihrer Tragweite nicht bedeutend genug eingeschätzt werden können, weit über die Bodenseeregion hinaus. Vom frühen Mittelalter bis in unsere Zeit hat der Bodensee immer wieder Dichter, Denker und Maler inspiriert, welche dann durch ihre Werke den Zauber dieser Landschaft über deren Grenzen hinweg verbreitet haben. Als schönes Beispiel dafür mag Eduard Mörike gelten, der das Kartäuserkloster Ittingen besucht hatte und mit seiner Dichtung unsterblich gemacht hat. Sein Gedicht »Göttliche Reminiszenz« leitet die Ittinger Gedichte ein:

> Vorlängst sah ich ein wundersames Bild gemalt,
> Im Kloster der Kartäuser, das ich oft besucht.
> Heut, da ich im Gebirge droben einsam ging,
> Umstarrt von wild zerstreuter Felsentrümmersaat,
> trat es mit frischen Farben vor die Seele mir ...

Es ist uns ein Anliegen, auch an die westfälische Dichterin Annette von Droste-Hülshoff aus Meersburg zu erinnern, die in ihren Gedichten diese Landschaft besungen hat. Das Gedicht »Die Schenke am See« endet mit den Zeilen:

Noch einen Blick dem segensreichen Land,
Den Hügeln, Auen, üpp'gem Wellenrauschen.
Und heimwärts dann, wo von der Zinne Rand
Freundliche Augen unserm Pfade lauschen;
Brich auf! – Da haspelt in behendem Lauf
Das Wirtlein Abschied wedelnd uns entgegen:
»– Geruh'ge Nacht – stehns nit zu zeitig auf! –«
das ist des lust'gen Schwaben Abendsegen.

In den vorliegenden Sagen und Märchen, für die wir uns aus einer Fülle möglicher Texte entschieden haben, spiegeln sich Historie und Symbolik von Lebensmotiven in eigenwilliger, poetischer und humorvoller Weise. Die Nöte der Menschen in Kriegszeiten, im Dreißigjährigen Krieg oder in den Bauernunruhen brachten Schlagfertigkeit und Pfiffigkeit – vielleicht eine Art Überlebensstrategie – hervor, wie es etwa in den Geschichten »Das mutige Thurgauer Mädchen in Konstanz« oder »Der gewitzte Bauer« zum Ausdruck kommt.

Darüber hinaus spielt in den märchenhaften Geschichten die faszinierende Landschaft eine Rolle, archetypisches Geschehen findet vor lokalem Hintergrund statt.

In der Sammlung sind auch Geschichten von Schelmen, Narren und Schlawinern enthalten. Sie zeigen die Mentalität und den Humor der Menschen dieser Gegend, die offensichtlich die wunderbare Fähigkeit haben, über sich selbst lachen zu können.

Die Sage sucht ebenso wie die Historie nach Spuren der Vergangenheit. Doch ist es freilich nicht ihr Ziel, diese mit wissenschaftlicher Genauigkeit zu verfolgen und zu überprüfen. Jedoch leben manche historische Gestalten, die ohne die Volkssage längst vergessen wären, nur dank dieser im Bewusstsein der Menschen weiter. Bis heute wird also in Überlingen im Rahmen der Messe bei der schwäbisch-alemannischen Fastnacht der Entstehung des Schwerttanzes gedacht, wie sie in der Sage »Der Überlinger Schwerttanz« erzählt wird.

Merkwürdiges wird vom Rhein berichtet, der zwar durch den Bodensee hindurchfließt, dabei aber sein eigenes Wesen nicht verliert – und dies nicht nur durch die Beibehaltung seines Namens. Es heißt nämlich, dass das Rheinwasser bei seiner Mündung in den See zu Beobachtungszwecken einmal eingefärbt worden sei und beim Verlassen des Sees dieselbe Farbe aufgewiesen habe. Auch wären die Rheinfische mit ihrem Strom durch den See geschwommen. Der See als Duchgangsraum? Großzügig, ohne das fremde Element zu vereinnahmen?

Worüber wir uns bei all den Überlieferungen aus älterer und neuerer Zeit sowie bei den mündlichen Hinweisen gewundert haben: In keiner der Geschichten kommen Wasserwesen vor, von Seejungfrauen, Nixen, Wassermännchen oder Undinen gibt es keinerlei Kunde. Wohnen sie nicht im Bodensee? Und wenn doch, warum wird nicht von ihnen berichtet? Schließt die Weite, die Klarheit und Transparenz des Sees die Anwesenheit solcher Wesen aus?

Da auch wir dieses grenzübergreifende Land im weitesten Sinne als Heimat empfinden, hoffen wir mit der vorliegenden Sammlung vielen Leserinnen und Lesern Vergnügen zu bereiten.

Unser Dank für wertvolle Hinweise und Ratschläge geht an: Doris Feller-Neff, Gabriele Thieme-Kütemeyer, Wulf Wager und Walter Büchi. Besonders herzlich danken wir Helmut Früh, der unsere Arbeit unermüdlich und tatkräftig unterstützt hat.

Kernen im Remstal und Zürich
Sigrid Früh und Silvia Studer-Frangi

Märchenhaftes

Der junge Graf,
der in die Unterwelt kam

Es lebten einmal ein Graf und eine Gräfin mit ihren beiden Töchtern in Freude und Wohlstand. Nur die Sorge um den Erben, der ihnen bisher versagt geblieben war, trübte ihr Glück.

Eines Tages kam eine alte Bettlerin auf das Schloss und bat um eine Gabe. Als die Alte von der Gräfin reichlich beschenkt wurde, dankte sie und sprach: »Über das Jahr wirst du einen Sohn gebären, den sollst du Karl nennen.«

Da freute sich die edle Frau von Herzen über diese Botschaft und entgegnete: »So heißt auch mein Gemahl.«

»Dein Sohn darf aber bis zu seinem sechzehnten Lebensjahre niemals die bloße Erde betreten, sonst verschwindet er«, mahnte die Alte und entfernte sich.

Nach einem Jahr erfüllte sich die Weissagung und die Gräfin gebar ein Knäblein, das sie Karl nannte. Dieser wuchs zur Freude seiner Eltern frisch und fröhlich heran und sie hielten ihm eine eigene Dienerschaft, die darauf achten musste, dass er niemals den bloßen Erdboden betrete.

Als Karl schon fast sechzehn Jahre alt war, ritt der Graf einst mit seinen Gästen in den Wald. Karl folgte in Begleitung zweier Diener, die darauf sahen, dass er den Boden nicht berührte. Da kamen sie an eine wunderbar klare Waldquelle, und den Grafensohn erfasste ein heftiges Verlangen, von dem Wasser zu trinken. Die beiden Diener wollten ihm einen vollen Becher reichen, doch er sagte: »Ich stelle mich nur auf das Brunnenbrett, reitet ruhig weiter!« Aber kaum hatten sich die zwei entfernt, als er beim Absteigen die bloße Erde berührte und verschwunden war. Sein lediges Ross holte die beiden Diener bald ein, die sofort umkehrten, ihn indes nirgends mehr zu erblicken vermochten.

Karl hingegen fand sich in der Unterwelt wieder, ganz allein in einer Einöde. So weit er sehen konnte, war alles eben, und er wusste sich keinen Rat. Da wanderte er den ganzen Tag bis zum Abend und noch immer breitete sich die trostlose Ebene vor ihm aus. Müde legte er sich auf die Erde und schlief bald ein.

Als er am nächsten Morgen wieder weiterzog, erblickte er endlich in der Ferne eine alte Bauernhütte. Er schritt darauf zu und traf darin eine Frau, deren schreckliches Aussehen ihn zunächst fürchten ließ. Sie aber nahm ihn freundlich auf, hieß ihn ausruhen und brachte ihm zu essen. Später fragte sie, ob er auch arbeiten könne.

»Ei freilich«, entgegnete Karl, »ich bin jung und stark.«

»Dann kannst du bei uns bleiben, denn zu tun gibt es genug«, sagte die Bäuerin.

Sobald der Jüngling ihre drei Töchter zu sehen bekam, staunte er sehr, denn so schöne Mädchen waren ihm sein ganzes Leben noch nicht unter die Augen gekommen.

Als am Abend auch der Hausvater heimkehrte, fragte er mürrisch: »Was habt ihr da für einen Menschen? Wo kommt er her?«

Karl antwortete, er sei der junge Graf und komme von der Oberwelt. Da sprach der Mann: »Morgen musst du früh aufstehen und eine große Wiese mähen.« Der Grafensohn, der froh war, eine Unterkunft gefunden zu haben, schickte sich darein und ging bald zu Bette.

Am anderen Morgen war er zeitig zur Arbeit bereit. Der Bauer gab ihm aber eine Sense mit hölzernem Blatt, mit dieser sollte er die Wiese mähen. Karl sah wohl, dass er damit nichts ausrichten werde, und ging schweren Herzens fort. Auf der Wiese angekommen, legte er sich betrübt nieder und schlief ein. Als zu Mittag die jüngste der drei Schwestern ihm das Essen brachte, weckte sie ihn und fragte: »Warum arbeitest du nicht?«

»Mit dieser Sense kann ich nicht mähen«, sagte er traurig.

Da sprach das Mädchen: »Nimm hier und iss ruhig. Bis du gegessen hast, habe ich alles Gras gemäht. Aber wenn dich mein Vater fragt, darfst du mich nicht verraten. Du musst sagen, du seiest selbst mit der Arbeit zu Ende gekommen.« Karl versprach dies gern und kaum hatte er gegessen, als auch schon die ganze Arbeit getan war.

Abends kam der Bauer auf das Feld und fuhr ihn an: »Bist du fertig jetzt?« Er staunte sehr, dass die Wiese gemäht war. Nun nahm er ihn heim zum Abendessen. Danach aber sagte der Hausherr: »Morgen heißt es früh aufstehen. Es sind viele Tannen draußen im Wald, die du bis zum Abend fällen musst.«

Am andern Tag in der Früh gab ihm der Bauer eine hölzerne Axt. Er sah sogleich, dass er damit nichts anfangen konnte und ging betrübt in den Wald. Dort legte er sich nieder und schlief bald ein. Zu Mittag weckte ihn wieder die jüngste Schwester und gab ihm zu essen. Ehe er mit der Mahlzeit fertig war, hatte sie die Tannen gefällt. Karl wusste nicht, wie er dem schönen Mädchen danken sollte. Sie aber sagte: »Wenn du mich nicht verlässt, bringe ich dich wieder an die Oberwelt.«

»Niemals verlasse ich dich«, antwortete er.

Da sprach sie: »Gib Acht und halte dich morgen früh bereit. Wenn ich an deine Tür klopfe, fliehen wir.«

Abends kam der Bauer in den Wald und fragte mürrisch: »Bist du fertig jetzt?« Er staunte nicht wenig, als er sah, dass die

Tannen gefällt waren und sagte: »Das hast du nicht allein gekonnt!« Karl aber blieb fest dabei, dass er die Bäume ohne Hilfe umgehauen habe.

Das schöne Mädchen kleidete sich vor Tagesanbruch an und legte einen Besen in das Bett, der drei Mal für sie antworten sollte. Dann weckte sie Karl und zusammen eilten sie fort. Am Morgen wachte die Bäuerin auf und ging an die Tür der Kammer, in der ihre jüngste Tochter sonst schlief.

»Steh auf!«, rief sie und klopfte an die Tür.

»Ja«, antwortete der Besen.

Nach einer Weile kam die Mutter wieder und rief: »Steh auf!«

»Ja«, antwortete der Besen, aber nicht mehr so laut wie zuvor.

Als das Mädchen noch immer nicht kam, klopfte die Mutter ein drittes Mal und hieß sie aufstehen. Der Besen antwortete wieder, nun aber ganz leise, weil die beiden Flüchtenden schon weit fort waren. Endlich ging die Mutter in die Schlafkammer um nachzuschauen. Da sah sie statt der Tochter den Besen im Bett liegen. Nun wusste sie, was vorgefallen war, lief zu ihrem Mann und rief: »Mach dich rasch auf, die beiden sind entflohen! Das Schönste, was du unterwegs findest, bring mit, das sind die zwei!«

Sie warf ihm ein Paar Schuhe hin, mit denen er in einem Schritt den Weg von zwei Stunden zurücklegen konnte. So war er den Fliehenden bald auf den Fersen. Das Mädchen bemerkte ihn aber rechtzeitig und sagte zu Karl: »Wir müssen uns rasch verwandeln. Du bist eine Ilge (Lilie) und ich eine Rose!«

Nun kam ihr Vater daher und sah die beiden Blumen. »Das Schönste, was ich antreffe, soll ich bringen«, sagte er zu sich, »aber ich laufe zuerst noch eine Stunde, die Blumen kann ich auch auf dem Rückwege mitnehmen.« Sobald er vorüber war, verwandelte das Mädchen sich und ihren Begleiter wieder in Menschengestalt zurück, und beide liefen, was sie konnten. Als

der Verfolger zurückkam, waren sie fort, und er musste mit leeren Händen nach Hause.

Wie er heimkehrte, fragte ihn seine Frau sogleich: »Hast du nichts gesehen?«

»Freilich wohl, zwei schöne Blumen, eine Ilge und eine Rose«, antwortete er.

Da wurde sie böse, dass er die beiden nicht mitgebracht hatte, und schickte ihn sofort wieder aus. Dieses Mal gab sie ihm gar Drei-Stunden-Schuhe, sodass er den Fliehenden bald wieder nahe kam. Doch das Mädchen sah ihn zur rechten Zeit und sagte: »Jetzt müssen wir diese letzte Gefahr überstehen. Ich werde zu einem Einsiedler und du wirst zu dessen Hütte!«

Kaum hatten sie sich verwandelt, als auch schon der Verfolger daherkam und fragte: »Ist hier jemand vorbeigekommen?«

»Kein Mensch«, antwortete der Einsiedler.

»Dann muss ich noch weiter«, sagte der Vater und ging großen Schrittes davon.

Die beiden Fliehenden nahmen ihre frühere Gestalt an und eilten fort. Als der Mann endlich wieder nach Hause zurückkehrte, schimpfte ihn seine Frau, denn nun konnte er die beiden nicht mehr verfolgen, da sie inzwischen in der Oberwelt angelangt waren.

Die zwei kamen zu einem Buchenwald nahe dem Grafenschloss. In diesem fand sich der junge Mann sogleich zurecht. Die schöne Jungfrau war indes so müde geworden, dass sie sich hinlegte und im Nu einschlief. Karl aber sehnte sich so sehr nach seinen Eltern, dass er ihr Erwachen nicht abzuwarten vermochte und sich allein auf den Heimweg machte.

Als die Jungfrau ausgeschlafen hatte, fand sie sich einsam in dem fremden Walde. Karl war fort und niemand hörte auf ihr Rufen. So suchte sie, aus dem Gehölz zu gelangen, wo sie weder Weg noch Steg kannte. Endlich kam sie auf eine Lichtung und sah dort einen Bauernhof. Es war gerade Zeit zum Heuen, und als sie sagte, dass sie nichts lieber tue als mähen und heuen, wurde sie aufgenommen.

Die neue Magd ging nun mit den anderen Dienstleuten auf das Feld. Sie war aber so stark und flink, dass den Knechten und Dirnen nichts mehr zu tun übrig blieb. Da warfen diese erschrocken ihre Sensen und Rechen weg, liefen nach Hause und sagten, das könne nicht mit rechten Dingen zugehen.

Als abends der Bauer heimkam, erzählte er, dass der junge Graf heimgekehrt sei und darüber im Schloss große Freude herrsche und ein Fest gefeiert werde. Da hörte das junge Mädchen aufmerksam zu und fragte nach dem Wege. Am andern Morgen bat sie, das Fest im Grafenschlosse ansehen zu dürfen, und machte sich sogleich auf.

Sie trug in der Tasche fünf Nüsse mit sich, die hatte sie noch aus der Unterwelt. Als sie in die Nähe des Schlosses kam, nahm sie zwei Nüsse heraus und öffnete diese. Da kam ein prächtiges Kleid hervor und ein Wagen, der war mit Silber beschlagen und wurde von zwei Rappen gezogen. Die Jungfrau zog das Kleid an, setzte sich in die Kutsche und fuhr in strahlender Schönheit vor das Schloss.

Dort staunten alle über die Ankunft der schönen Jungfrau, die niemand kannte. Als sie nach dem jungen Grafen fragte, wurde sie in das Schloss geführt. Im Hauptgang aber verwandelte sie sich durch einen bösen Zauber ihrer Mutter in ein zerlumpt gekleidetes, hässliches Weib. Da wurde die garstige Frau hinausgescheucht und der Torwächter erhielt einen Verweis, weil er sie eingelassen hatte. Er aber sagte, es sei eine schöne Jungfrau gekommen und niemand anderer.

Das Mädchen jedoch ging in ein nahes Wäldchen und schlug die drei anderen Nüsse auf. Da kam ein vierspänniger Wagen mit Kutscher und Diener heraus, so prächtig, wie ihr es euch nur denken könnt. Die Jungfrau sah noch viel schöner aus als zuvor und trug ein Kleid, das war noch prächtiger als das erste.

Sobald sie beim Schlosse vorfuhr, liefen alle herbei und staunten über so viel Schönheit und Pracht. Die fremde Jungfrau fragte nach dem jungen Grafen und wurde in einen Saal geführt. Karl trat ein, erkannte sie jedoch nicht und fragte, wer sie sei. Da antwortete sie: »Weißt du nicht mehr, wer dir aus der Not geholfen hat?«

Jetzt gingen ihm wohl die Augen auf. Er rief seine Eltern herbei und sprach: »Diese ist meine liebe Braut, die mich aus der Unterwelt gerettet hat.« Da war große Freude und sie hielten ihr Hochzeitsmahl.

Hans Öfeli-Chächeli

In einem Dorfe lebten einmal zwei Bauern, die waren gute Freunde und hielten treue Nachbarschaft und halfen einander in allen Nöten. Der eine Bauer aber hatte eine Tochter, der andere einen Sohn. Die beiden waren schon als Kinder unzertrennlich, und je größer sie wurden, je lieber hatten sie sich. Deshalb wurden sie, als sie groß waren, einander versprochen.

Nun aber hauste in einem Erdloch oben am Berg ein Herdmannli, das stellte dem schönen Mädchen drunten im Tale nach und kam mehr auf den Hof zu Besuch, als ihr und ihren Eltern lieb war. Allemal brachte er den Frauen im Haus kostbare Geschenke mit. Das Mädchen wollte von dem Zwerg nichts wissen, er war ihr gar zu hässlich und des Nachbars Joggeli gar zu lieb; aber die Geschenke des Wichtes gefielen ihr über die Maßen. Und als er eines Tages wieder viele kostbare Sachen gebracht hatte, da stach ihr unter dem Kram ein blankes Ringlein in die Augen mit einem funkelnden Stein. Da konnte sie nicht länger widerstehen und steckte ihn an ihren Finger. Da sprach der Zwerg mit krächzender Stimme:

> Jetz bisch mys Brütli fyn,
> I wird dys Mannli syn!

Erschrocken zog das Mädchen den Ring ab, legte ihn wieder zu den andern Sachen und rief: »Nein, ich will deine Geschenke nicht und dich schon gar nicht!«

Da ergrimmte das Männchen und es warf im Zorn die Kostbarkeiten auf den Boden, stampfte und schüttelte sich und schrie: »So schnell sind wir nicht geschieden, du und ich. Heute in drei Tagen komm ich wieder. Wenn du bis dahin meinen Namen weißt, dann bist du frei. Errätst du ihn aber nicht, dann folgst du mir als meine Frau; dawider hilft dir dann nichts mehr in der Welt!« Damit war der Zwerg verschwunden.

Bei den Leuten aber war große Not im Hause. Das Mädchen zerbrach sich den Kopf, und vor lauter Nachsinnen wurde es schier hinterfür. Aber es wollte ihm nichts in den Sinn kommen. Die Frist war fast gar schon verstrichen, nur noch ein Tag und dann musste sie die Frau des Zwerges werden, die Frau eines ungestalten Kerls. Schließlich haben die Zwerge die Füße nicht wie ander Leut nach vorne, sondern diese zeigen rückwärts.

An genau diesem Tag aber hütete ihr Liebster oben am Berg. Er saß am Rain bei seinen Geißen und sann darüber nach, was mit seiner Liebsten und dem Zwerge sich begebe. Und wie er da saß und sann, da sah er aufs Mal das Erdloch, das der Eingang war zur Höhle des Männchens, und eh er sich's versah, da trat der Zwerg selber hervor und hub an, gar närrisch sich zu gebärden, hüpfte und tanzte und sprang wie toll hoch in die Luft und sang dazu:

> He he, ho ho, hu hu:
> hinecht choch ich es Chrütli;
> more hol i mys Brütli!
> Hoi, Rädli spinn!
> Hoi, Haspeli winn!
> Ei, Gott sygs dankt,
> mys Schätzli nit weiß,
> dass i Hans Öfeli-Chächeli heiß!

»Wer zuletzt lacht, lacht am besten!«, dachte der Bursche und merkte sich den Namen. Und abends eilte er geradewegs zu seiner Liebsten.

Anderentags kam das Männlein zur Mittagszeit in die Küche, um die Braut heimzuführen. Es trat vor das Mädchen und fragte spöttisch: »Nun, Herzeli, weißt du meinen Namen schon?«

Das Mädchen aber tat, als wisse es den Namen nicht.

»Heißest du etwa Gragörli?«, fragte sie und verzog das Gesicht, als ob der Rauch vom Herd ihr die Nase beize. »Oder Strubeli-Chutzli oder Gixi-Gäxi oder Chussi-Mussi oder Muggi-Stutz?«

»Lätz, lätz!«, rief der Zwerg bei jedem Namen und hüpfte vor Freude von einem Bein aufs andere.

»Dann heißest du am End gar Hans Öfeli-Chächeli?«

Das Männlein erschrak, stampfte vor Zorn, fluchte und schrie: »Das hat dir der Teufel gesagt, du wüste Hex!«, fuhr zum Rauchloch aus und ist nie wieder ins Tal gekommen.

Die drei Proben

Ein Ritter hatte seinem Jägerburschen befohlen, den Hunden ihr Futter nie in der Pfanne, sondern immer in der Schüssel vorzusetzen. Einmal aber kam der Ritter gerade dazu, wie die Hunde aus der Pfanne fraßen. Da entließ er den Burschen sofort aus dem Dienst; erst wenn er ein Handwerk gelernt habe, könne er wiederkommen.

Nach kurzer Zeit meldete sich der Jägerbursch wieder beim Ritter. »Was hast du gelernt?«, fragte der.

»Stehlen, Herr Ritter!«, war die Antwort.

»Wollen sehen«, sagte der Ritter. »Ich verlange von dir drei Proben, ob du dein Handwerk wirklich verstehst. Die erste: Du musst diese Nacht mein Leibross aus dem Stall führen, ohne dass es jemand merkt. Als zweite Probe musst du mir den Pfarrer und den Mesner in Säcken vom Dorf zum Schloss herausbringen. Und zum Dritten musst du mir den Ehering meiner Gemahlin herschaffen. Wenn du die drei Proben bestehst, so sollst du meine Tochter zur Frau haben!«

Der Jägerbursch freute sich, dass er das schöne Ritterfräulein zur Frau haben sollte und machte sich sogleich an die drei Aufgaben. Als Erstes verkleidete er sich als Bettler und stieg bei Einbruch der Nacht zum Schloss hinauf. Da bat er um ein Heulager im Pferdestall, und weil man ihn nicht erkannte, bekam er es auch. Als er in den Pferdestall kam, sah er einen Reiter auf des Ritters Leibross sitzen. »Was sitzt Ihr denn da im Stall auf einem Pferd oben?«, fragte er ihn. Der Reiter antwortete, das sei des Ritters Leibross, und damit es nicht heute Nacht unbemerkt aus dem Stall geführt werde, müsse er bis zum Morgen draufsitzen.

In der Nacht zog der vermeintliche Bettler aus seinem Lumpenrock eine Schnapsflasche, da war ein starker Schlaftrunk drin. Er tat so, als ob er daraus trinke und dann reichte er sie dem Reiter hin. Der tat einen guten Zug daraus, und nicht lang so sank er vornüber und schlief fest ein. Da befestigte der Bettler den Sattel samt dem Reiter mit Stricken an der Stalldecke, dass er ihm das Pferd wegnehmen konnte und der Reiter auf seinem Sattel in der Luft hing. Dann führte er das Ross aus dem Stall und band es vor dem Schlosstor an. Und der Ritter war sehr erstaunt, als er es frühmorgens dort fand.

Für die zweite Aufgabe ging der Jägerbursch zu einem Teich und fing ein paar Frösche. Als es dunkel wurde, ging er mit zwei Säcken und den Fröschen auf den Friedhof, klebte jedem ein Wachskerzlein auf den Rücken, zündete es an und ließ einen nach dem andern laufen. Jetzt weckte der Bursch den Pfarrer und den Mesner, sie sollten doch schleunig auf den Friedhof kommen, da gäbe es was für sie zu sehen. Die zwei gingen gleich mit ihm und wunderten sich sehr, als sie die Lichtlein auf den Gräbern herumhüpfen sahen. Diese Lichtlein, sagte der Jägerbursch, seien arme Seelen, die er als frommer Priester erlöst habe. Er sei nämlich ein Abgesandter Gottes und habe den Auftrag, ihn und den Mesner in den Himmel zu holen. Sie bräuchten nur in die Säcke zu schlüpfen. Die beiden taten das sogleich, und der Bursch nahm den Sack, in dem der Pfarrer steckte, auf den Rücken, und den Sack mit dem Mesner zog er hintennach. Bald wurde ihm aber der Pfarrer zu schwer, und er musste auch ihn im Sack nachziehen. Da jammerte der Pfarrer über den rauen, steinigen Weg. Flugs erwiderte der Bursch: »Du hast ja selbst oft gepredigt, dass der Weg in den Himmel rau ist!« Endlich kam er mit den beiden auf dem Schloss an und meldete dem Ritter, dass er auch die zweite Probe bestanden habe.

Dann ging er und rüstete sich für die dritte Aufgabe. Er band heimlich einen Strohmann zusammen und schlich damit bei Nacht zum Schloss hinauf. Dort lehnte er eine Leiter unter ein Fenster des ritterlichen Schlafgemachs und stellte auf diese den Strohmann, sodass der Kopf von drinnen zu sehen war. Der Ritter bemerkte auch bald den Kopf vor dem Fenster und dachte, es sei der Jägerbursch, der da einsteigen wolle und stürzte hinaus, um dem Burschen das Handwerk zu legen. Der aber hatte sich in der Nähe versteckt, und kaum war der Ritter hinausgelaufen, ging der Bursch ins Schlafgemach und sagte mit verstellter Stimme zur Schlossfrau, sie solle ihm ihren Ehering geben. Die meinte in der Dunkelheit, es wäre ihr Mann, zog den Ring vom Finger und gab ihn dem Burschen. Und der machte sich eiligst aus dem Staub.

Am nächsten Morgen brachte der Jägerbursch dem Ritter auch den Ehering seiner Gemahlin und hatte also die Proben bestanden. Und bald darauf wurde fröhlich Hochzeit gehalten.

Das Nebelmännle

Auf der alten Burg Bodman, die in der Nähe des Überlinger Sees liegt, wohnte einst ein Herr von Bodman, der wollte eine große Reise machen bis ans Ende der Welt. Er nahm einen Wagen, einen Kutscher und einen Diener mit, verabschiedete sich von seiner Frau, indem er sprach: »Wenn ich von heut an in sieben Jahren nicht wieder hier bin, so darfst du auf mich nimmer warten und kannst einen anderen heiraten.«

Darauf reiste er fort und kam durch viele Städte und Länder und zuletzt in eine große Wüste, in der ging er weit und immer weiter, ohne dass er irgendeinen Menschen zu sehen bekam. Endlich gelangte er an einen Platz, der war mit einer hohen Mauer umgeben, und weil er gern gewusst hätte, was dahinter war, so half er seinem Bedienten hinauf. Wie der aber droben war und hinter die Mauer sehen konnte, so winkte er bloß und sprang hinab. Nach einer Weile, als er nicht wiederkam, sagte der Herr zu seinem Kutscher, er solle doch einmal nachsehen, wo der Bediente geblieben sei, und half ihm ebenfalls auf die Mauer. Der Kutscher aber machte es ebenso wie der Bediente und sprang in den Garten, der hinter der Mauer war; denn das war der Paradiesgarten, und darin gefiel es den beiden so gut, dass sie nicht wieder heraus mochten und deshalb ihren Herrn im Stich ließen.

Der Herr von Bodman konnte allein aber die Mauer nicht ersteigen, und nachdem er noch längere Zeit vergebens auf seine Diener gewartet hatte, irrte er allein in der Wüste weiter und kam endlich an ein kleines Haus. In das ging er hinein und traf daselbst ein altes Weib, dem erzählte er, wie es ihm ergangen war. Er bat dann, dort bleiben zu dürfen. Das Weib aber sagte, ihr Mann sei ein Menschenfresser und werde ihn gewiss riechen,

wenn er hier bliebe. Allein der Herr von Bodman mochte nicht weiter mehr in der Welt herumirren und versteckte sich in dem Hause. Doch wie der Mann des alten Weibes heimkam, sprach dieser gleich: »Ich schmecke einen Menschen!«, und entdeckte alsbald auch den Herrn von Bodman. Er war aber nicht unfreundlich gegen ihn und sah auch nicht furchtbar aus. Sondern es war ein kleines Männlein, das gewöhnlich »Nebelmännle« genannt wurde.

Nachdem nun das Nebelmännle von dem Herrn von Bodman erfahren hatte, wie er daher gekommen, so sprach es zu ihm: »Ich will dir nichts zu Leide tun und will dich sogar noch in dieser Nacht zu deinem Schlosse führen, denn sonst hält deine Frau morgen mit einem andern Hochzeit. Du musst mir aber versprechen, dass du künftig das Läuten mit der Nebelglocke unterlassen willst.« Das versprach ihm der Herr von Bodman herzlich gern, und darauf nahm ihn das Nebelmännle auf die Schultern und flog mit ihm, schneller als der Wind, durch die Luft und setzte ihn am Morgen richtig vor seinem Schlosse nieder.

Wie der Herr von Bodman seine Burg betrat, erkannte ihn niemand, selbst seine Frau nicht. Diese reichte ihm Waschwasser, und nachdem er sich gewaschen, zog er seinen Trauring vom Finger und ließ ihn in das Wasser fallen. Als aber seine Frau das Wasser ausgoss und den Ring erblickte, hatte sie eine herzliche Freude und konnte nun doch ihren Mann behalten. Den neuen Mann hätte sie nur genommen, weil sie dessen Andringen nicht länger hatte ausweichen können, da die sieben Jahre eben um waren.

Das Läuten mit der Nebelglocke, welches die Nebel verscheuchen sollte, ist seitdem eingestellt worden; die Glocke aber hängt noch immer auf dem alten Schlosse Bodman.

Die Wichtelmännchen im Thurgau

Auch bei uns im Thurgau hausten einst die Heinzelmännchen, auch Wichtel- oder Erpelmännchen geheißen, die zum Segen der damaligen Menschen gewirkt haben. Weiß der Himmel, woher sie kommen und wohin sie gehen, diese kleinen, oft nur zeigefingerlangen, dürren Männchen, die man heute vergebens in unserm Lande sucht. Hermann Gremminger, der Lehrer im Weiherhüsli, weiß noch von seiner Urgroßmutter zu berichten, sie habe ihm, als er noch ein kleiner Bub gewesen sei, erzählt, dass am Immenberg viele Löcher und Höhlen gewesen wären und darin zu ihrer Kinderzeit noch fußhohe, menschenähnliche Erdmännlein gewohnt hätten. Dass sie nicht für alle Zeiten geblieben und eines Tages plötzlich aus unsrer Gegend verschwunden sind, ist dem Undank und der Lieblosigkeit der Menschen zuzuschreiben, die das Gute, wenn sie es besitzen, nicht zu schätzen wissen und ihren Gelüsten immer wieder nachgeben. So wie auch jener geizige, habgierige Bauer in Schönholzerswilen, dessen Haus man heute noch zeigt.

In der Nähe des Dorfes sind die großen Höhlen des Bruderloches, in deren geheimnisvollem Dunkel vor Zeiten die Heinzelmännchen gewohnt haben. Wie schön und gut hatten es dabei die Leute der Gegend mit dieser Zwergennachbarschaft! Die brachten ihnen tagtäglich das Essen und Trinken in goldenen Schalen und Bechern, es brauchte sich niemand darum zu bemühen, und wahrscheinlich haben sie den Leuten, wie andernorts auch, bei der Arbeit wacker geholfen. Die goldenen Gefäße freilich durften die Menschen nicht behalten. Die Männchen holten sie, wenn gerade niemand in der Nähe war, und dann wurden sie fein säuberlich für den nächsten Gebrauch geputzt. Jener Bauer von Schönholzerswilen aber, durch das Gold und seinen Glanz verblendet, stahl eines Tages die goldenen Schalen. Als die Zwerglein ihre Gefäße vergebens suchten und den Diebstahl bemerkten, betrübten sie sich sehr über die Arglist der Menschen und begaben sich fort aus der Gegend, um nie mehr wiederzukommen.

Genau gleich, so erzählen uns die alten Leute, erging es auch den Bewohnern von Bussnang. Wenn sie zur Sommerszeit tüchtig auf dem Felde gearbeitet hatten und dabei recht schwitzten und hungrig und durstig wurden, so mussten sie sich nicht ums Essen bekümmern und warten, bis die Bauersfrau oder Magd mit den Krügen und Körben über die Felder gegangen kam, sondern sie konnten sich in den Schatten eines Baumes legen und gemütlich ein Schläfchen tun. Derweilen huschten aus einer Felsspalte in der Nähe die kleinen Wichtelmännchen, äugten aufgeregt und gespannt herum, lauschten mit gespitzten Öhrchen, dass auch alles schlafe und schnarche. Und wenn sie merkten, dass alles im guten Schlafe lag und nichts zu hören war, trippelten sie husch, husch so leise wie die Mäuse herbei und stellten einen Silbernapf mit silbernen Löffelchen, silbernen Messerchen und silbernen Gäbelchen, auch silberne Becherlein, manchmal mit Wein, manchmal mit süßen Fruchtsäften gefüllt, vor die Schlafenden hin. Wupp, verschwanden sie dann wieder hinters

Gebüsch, wo sie erwartungs-
voll und neugierig hervor-
guckten und ihre rechte Freude daran hatten, wenn die
Schläfer allmählich erwachten, sich räkelten, die Augen
ausrieben und dann mit Ver-
wunderung, Entzücken und
behaglichem Seufzen die Gaben in Empfang nahmen.
Hei, da gab es jeden Tag wieder eine Überraschung! Wel-

che Küchenmeister mussten doch diese Männchen sein! Einmal
duftete ein gebratenes Hühnchen im Napf, ein andermal ein ge-
beizter Hase, dazu luden Gemüse und die besten Salate zum Zu-
greifen ein, und für den Nachtisch stand auch immer eine Torte
oder ein großes Stück Kuchen bereit. Hatten die Leute dann genug gegessen, so wurden sie schläfrig und machten noch ein Ni-
ckerchen, satt und schwer. Dies benützten die Männchen,
schlüpften husch, husch herbei, ungesehen und geschwind, und
verschwanden mit den Gefäßen wieder in ihrer Felsspalte.

Ach wenn es so doch geblieben wäre! Aber da geschah eines
Tages das Böse: Ein Knecht, der von den Zwergengaben gegessen und getrunken hatte, nahm alle Gefäße und Bestecke in seine Tasche – dachte er doch in seiner Gier, die silbernen Dinge zu
verkaufen – und trug sie mit sich fort. Als die Wichtelmännchen
dies gewahr wurden, verschwanden sie aus Bussnang, und seither sind sie nie mehr im Thurgau erschienen. Aber man sagt,
dass es da und dort noch Wichtelmännchen gibt, flinke, treue
und fleißige Buben und Mädchen, die Vater und Mutter und den
Anverwandten manches Liebe tun und helfen, wo sie nur können.

Der Rotkopf

Es war einmal ein Graf, der hatte drei wunderschöne Töchter. Nun kam öfters ein reicher Herr aus der Nachbarschaft, ein Rotkopf, des Abends zu Besuch. Nach einiger Zeit hielt er bei dem Grafen um die Hand der ältesten Tochter an. Der Graf war damit einverstanden und auch die Tochter sagte nicht nein. Es gab eine prächtige Hochzeit und der Rotkopf fuhr mit seiner Frau auf sein Schloss.

Als ein paar Wochen vorüber waren, wollte er eine Reise machen und sprach zu seiner Frau: »Ich muss in Geschäften eine Weile fort, da gebe ich dir derweil die Schlüssel zum ganzen Schloss und hier noch ein Ei in die Hand. Aber hör, zerbrich mir das Ei nicht! Und geh mir nicht in die neunte Kammer! Sonst könnte es böses Wetter geben, wenn ich wieder heimkomme!«

Die Frau nahm den Schlüsselbund und das Ei und sagte: »Du kannst dich auf mich verlassen, ich werde bestimmt nicht in die neunte Kammer gehen.«

Doch kaum war der Mann aus dem Schloss, so konnte sie es vor Neugierde nicht mehr aushalten. Sie eilte zur neunten Kammer und schloss sie auf. Aber, was musste sie sehen: An den Wänden waren lauter Menschenköpfe, aufgesteckt auf lange Spieße. Sie zitterte und schnatterte an allen Gliedern. Da fiel ihr auf einmal das Ei aus der Hand und es zerbrach auf dem harten Steinboden. Wie der Rotkopf heimkam, hatte die Frau kein Ei mehr. Da hat es dann freilich bös' Wetter gegeben: Er ging und schlug ihr den Kopf ab und hängte ihn an einem Spieß in die neunte Kammer.

Es dauerte eine kurze Zeit, da ging er abermals zum Grafen, seinem Schwiegervater und sprach: »Leider ist mir meine Frau, deine Tochter gestorben, gib mir doch deine zweite Tochter zur Frau.« Der Graf war wieder damit einverstanden, die zweite Tochter auch, und so wurde Hochzeit gefeiert.

Der Rotkopf fuhr mit seiner zweiten Frau auf sein Schloss. Als wieder ein paar Wochen vorüber waren, sprach er zu seiner Frau: »Ich muss in Geschäften eine Weile fort, da gebe ich dir derweil die Schlüssel zum ganzen Schloss und hier noch ein Ei in die Hand. Aber hör, zerbrich mir das Ei nicht! Und geh mir nicht in die neunte Kammer! Sonst könnte es böses Wetter geben, wenn ich heimkomme!«

Auch die zweite Frau nahm den Schlüsselbund und das Ei und sagte: »Du kannst dich auf mich verlassen, nie, nie werde ich in die neunte Kammer gehen.« Kaum war der Mann aus dem Schloss, so konnte sie es vor Neugierde nicht mehr aushalten. Sie eilte zur neunten Kammer und schloss sie auf. Das Entsetzen fuhr ihr in die Glieder, das Ei fiel ihr aus der Hand und zerbrach auf dem harten Steinboden. Wie der Rotkopf heimkam, gab es wieder böses Wetter. Er schlug auch der zweiten Frau den Kopf ab und hängte ihn an einem Spieß in die neunte Kammer.

Nach einiger Zeit kam der Rotkopf zum dritten Mal zu dem Grafen, seinem Schwiegervater, und sprach: »Ich bin schon wieder Witwer geworden, gebt mir doch das Jawort für deine jüngste Tochter.« (Diese sei auch leicht rothaarig gewesen, heißt es.) Wieder waren der Graf und die Tochter, die Jüngste, einverstanden. Die Hochzeit wurde gefeiert, und der Rotschopf fuhr mit seiner dritten Frau auf sein Schloss.

Als wieder ein paar Wochen vorüber waren, sprach er zu seiner Frau: »Ich muss in Geschäften eine Weile fort, da gebe ich dir derweil die Schlüssel zum ganzen Schloss und hier noch ein Ei in die Hand. Aber hör, zerbrich mir das Ei nicht! Und geh mir nicht in die neunte Kammer! Sonst könnte es böses Wetter geben, wenn ich heimkomme!«

Auch die dritte Frau nahm den Schlüsselbund und das Ei und sagte: »Du kannst dich auf mich verlassen, in meinem ganzen Leben werde ich nicht in die neunte Kammer gehen!« Doch kaum war der Mann aus dem Schloss, so konnte auch sie es vor Neugierde nicht aushalten. Aber sie war klüger als ihre Schwestern und sie band das Ei in ein wollenes Tüchlein. Als sie die Tür der neunten Kammer geöffnet hatte und das Grauen dort sah, entsetzte sie sich, und besonderer Zorn erfüllte sie, als sie die Köpfe ihrer beiden Schwestern sah. Zwar fiel auch ihr das Ei zu Boden, doch weil es in dem wollenen Tüchlein war, zerbrach es nicht.

Wie der Rotkopf heimkam und nach dem Ei fragte, übergab sie ihm dieses, und siehe es war ohne ein Risslein. Und so blieb sie am Leben. Sie dachte aber bei sich: Wart, dir werde ich es eintränken. Nach einiger Zeit sprach sie zu dem Rotkopf: »Ich möchte eine Weile zu meinem Vater, um zu sehen, wie es ihm geht.« Der Rotkopf ließ sie auch ohne Widerrede gehen. Die Frau, als sie heimkam, erzählte ihrem Vater, was sie für einen Mann habe und wie er mit ihren Schwestern verfahren sei. Als der Graf dies erfuhr, rückte er mit seinen ganzen Knechten aus, schlug dem bösen Tochtermann sein Schloss zusammen und diesen selbst machte er um einen Kopf kürzer.

Der Wundervogel

In einem Dorfe lebte einst ein reicher Bauer mit seiner einzigen Tochter. Da jedoch das Mädchen immer still und traurig einherging und in seinem Leben noch nie gelacht hatte, machte dies dem Bauer, welcher seine Tochter sehr lieb hatte, viel Kummer.

Da kam einmal ein herumziehender Mann ins Dorf mit einem Wundervogel, der durch seine possierlichen Kunststücklein bei Jung und Alt große Heiterkeit erregte. Der Bauer ließ den Mann mit dem Vogel zu sich kommen und versprach ihm viel Geld, wenn er seine Tochter zum Lachen bringe. Nun ließ der Mann den Wundervogel all seine Stücklein vor der Tochter des Großbauern aufführen, jedoch über das Antlitz des schönen Mädchens glitt nicht das leiseste Lächeln. Nach diesem vergeblichen Bemühen verbarg der Mann seinen Vogel in einem Tüchlein und ging zu einem anderen Bauern im Dorf, bei welchem er für die Nacht um Herberge bat, die ihm auch gewährt wurde. Vor dem Schlafengehen bat der fahrende Mann die Bäuerin, sie möchte doch so gut sein und das Bündelchen, das er da bei sich habe, über Nacht auf der Ofenbank liegen lassen. »Aber«, setzte er bedeutungsvoll hinzu, »ja nicht nachschauen, was darin ist!«

Die Bäuerin erlaubte es ihm, er könne es schon dort liegen lassen, »und nachschauen, was darin ist, tut gewiss niemand, wir sind nicht neugierig«, fügte sie spitz hinzu und verließ die Stube. Nun suchte auch der Fremde sein Heulager im Kuhstall auf. Die Bäuerin aber konnte vor lauter Neugierde, was etwa in dem Tüchlein verborgen sei, nicht einschlafen und musste immer an das geheimnisvolle Bündelchen denken. Endlich fasste sie sich ein Herz, sie ging in die Stube nebenan und auf die Ofenbank zu. Sorgfältig faltete sie das Tuch auseinander und sah nun den Vogel darin. Aber, o Schreck, als sie wieder in die Schlafkammer zurückwollte, war sie bei dem Vogel festgebannt und konnte sich keinen Schritt weit von ihm entfernen. Entsetzt rief sie nach ihrem Manne. Dieser eilte schleunigst seinem Weibe zu Hilfe und wollte sie vom Vogel wegziehen, aber im selben Augenblick, als er sie berührte, war auch er im Banne des Wundervogels. Auf die Hilferufe der beiden kam die Magd in die Stube gerannt und wollte ihren Dienstgebern helfen, es erging ihr aber nicht besser als dem Bauern und der Bäuerin, alle drei mussten die ganze Nacht beim Vogel stehen bleiben. Am Morgen kam der Fremde in die Stube, nahm den Vogel und verließ mit ihm und seinem unfreiwilligen Anhang das Haus und ging die Dorfstraße entlang, dem Gehöfte des reichen Bauern zu. Auf dem Wege dahin kamen sie beim Pfarrhof vorbei, wo der Pfarrer gerade daran war, am Gartenzaun einen Teppich auszuklopfen. Als er die Bauersleute in ihrer äußerst mangelhaften Bekleidung erblickte, rief er entrüstet aus: »So eine verfluchte Schweinerei!«, und schlug mit dem Teppichklopfer der Magd eins auf das Hinterquartier. Aber siehe, der Pfarrer brachte den Klopfer nicht mehr von der Stelle, wohin er den Schlag geführt hatte, und musste sich sogleich den anderen anschließen und dem Wundervogel nachgehen. Als sie sich dem Hause des Großbauern näherten, saß gerade seine Tochter beim Fenster und sah auf die Dorfstraße hinaus. Wie sie diesen sonderbaren Zug daherkommen sah, brach sie in lautes Lachen aus.

Der Arme und der Reiche

Christus und Sankt Peter waren einmal den ganzen Tag gewandert und kamen abends in der Nähe des Bodensees zu einem großen, schönen Bauernhaus, wo sie über Nacht bleiben wollten und also um Herberge anfragten. Da kamen sie aber übel an. Denn der Bauer, dem der Reichtum das Herz hart gemacht hatte, fing an zu schimpfen und schelten und wies sie rau ab. Nebenan aber stand ein kleines »lotschiges« Häuslein, in dem wohnte ein armer Mann mit seinem Weibe und einer ganzen Stube voll Kinder. Dahin wandten die beiden Abgewiesenen nun ihre Schritte und baten um Nachtquartier. »Von Herzen gern wollen wir euch behalten«, sprach der Mann, »aber wir sind halt recht arm und können euch fast nichts bieten. Wir haben keine Betten, so müsstet ihr euch auf dem Heu begnügen. Auch mit dem Essen wird es schmal hergehen. Aber wenn es euch nicht zu schlecht ist, so wollen wir redlich miteinander teilen.« Da mussten sie sich zu Tisch setzen, und als das Weib das Abendessen brachte, mussten sie mitessen. Ob solcher Freundlichkeit und Mildherzigkeit waren die beiden hocherfreut, und frohgemut begaben sie sich dann auf ihr Nachtlager. Ehe sie aber am frühen Morgen weitergingen, gab sich der Herr den armen, aber gastfreundlichen Leuten zu erkennen und sprach: »Zum Lohne dürft ihr nun drei Wünsche aussprechen, die alle in Erfüllung gehen werden.« Da war der Arme gerührt und erzählte dann dem Herrn, wie ihn sein reicher Nachbar nebenan plage und fuchse und ihn und seine Familie verächtlich behandle, weil sie so arm seien und in einem so elenden Häuschen leben müssten. Wenn er nur auch ein ordentliches Haus hätte! Kaum war dieser Wunsch ausgesprochen, so verwandelte sich die armselige Hütte in ein schönes, großes Haus, so groß und schön wie das Haus des Nachbarn war. Als Zweites erbat sich der Mann alles, was zu einem Hof dazugehöre. Und sogleich umstanden eine große Scheune, ein Garten, Wiesen und Felder das Haus. Und es stellte sich in allen Dingen Wohlstand ein. Und als sich der Staunende endlich als Drittes allweg Glück und Gesundheit für sich und die Seinen wünschte, versicherte ihm der Herr, dass auch dies ihm und der Familie stets zuteil werden solle. Darauf verabschiedeten sich die beiden, indes die überraschten guten Leute vor Freude kaum Worte des Dankes finden konnten.

Sogleich gewahrte auch der reiche Nachbar die Veränderung. Er konnte die Augen nicht weit genug aufsperren und wusste nicht, wie er das alles verstehen solle, ob nicht alles ein Traum oder eitel Trug und Blendwerk sei. Was half's. Er musste doch daran glauben, und so blieb ihm nichts übrig, als gute Miene zum bösen Spiel zu machen. Er ging hinüber zum Nachbar und frug, wie das alles zugegangen und gekommen sei. Als er nun erfuhr, wer die zwei Männer gewesen und was sich zugetragen hatte, bereute er nicht wenig, dass er die beiden am Tag zuvor so grob abgewiesen und ein ähnliches Glück verscherzt hatte. Nun ließ es ihm keine Ruh, er erkundigte sich aufs Genaueste, wie lange die Wanderer schon fort und welchen Weg sie gegangen seien. Er eilte dann heim, ließ einspannen und fuhr den beiden nach, vielleicht konnte er doch noch etwas für sich herausschlagen.

Als er sie eingeholt hatte, konnte er nicht genug Komplimente machen und entschuldigte sich über die Maßen, dass er sie gestern abgewiesen habe. Er habe eben nicht gewusst, wer sie seien. Da er das nun erfahren habe, so sei er eigens nachgefahren, um seinen Fehler gutzumachen. Sie möchten ihm doch verzeihen und ihm nun die Ehre antun, einzusteigen und mit ihm nochmals zurückzufahren, dass er ihnen eine Kleinigkeit vorsetzen könne. Auch möchten sie Haus und Hof besichtigen, er werde sie dann wieder fahren, so weit sie es ihm erlauben würden.

Obwohl nun der Herr gut wusste, wo hinaus auf einmal die Höflichkeit und Gastfreundschaft des Bauern zielte, nahm er doch die Einladung an und stieg mit Petrus ein. Und so fuhren beide zum Bauernhof zurück. Nun musste die Bäuerin, die eben mit ihrem Flachs beschäftigt war, den beiden Gästen zu essen und zu trinken vorsetzen, und alles war gegen sie ausnehmend »hehl und schmeichlig«.

Wie sie nun gegessen und getrunken hatten, wurde ihnen die Hauseinrichtung, der Stall mit dem Viehbestand, der Heustock und das Feld gezeigt. Insgeheim dachte der Bauer aber nur an die Wünsche, die er hoffentlich zum Schluss tun dürfe. Er unterließ es auch nicht, darauf hinzureden, wie ihm sogar mancherlei noch fehle, wie vieles noch anders sein solle, wie die Zeiten schlecht seien und selbst den reichen Bauern der Schuh drücke, und lauter solch Gejammer.

Als es nun zum Abschied kam, sprach der Herr in Milde zu den beiden Bauersleuten, sie dürften drei Wünsche vorbringen, die dann sogleich in Erfüllung gehen würden. Da wollte aber die Bäuerin nicht das letzte Wort haben und fing gleich an zu erzählen, wie der Flachs heuer so wohl geraten sei, dass sie ihn fast nicht auf die Seite zu bringen vermöge, zumal sie mit ihrer alten Hechel so wenig bei der Arbeit ausrichten könne. Wenn sie nur eine neue hätte! Kaum hatte sie aber das gesagt, so war auch schon eine große, schöne Hechel da. Als das der Bauer sah, wurde er fuchsteufelswild, dass sie nichts Besseres gewünscht habe, und er platzte in seinem Zorn heraus: »Du dumme Kuh, wenn du nur gleich die Hechel auf der Nas' hättest!« Aber o weh, sogleich war auch dieser Wunsch erfüllt und das arme Weib fing an jämmerlich zu schreien und zu lamentieren, wie man sich denken kann. So verblieb dem Bauern bei seinem dritten Wunsch nichts anderes mehr, als den Herrn zu bitten, dass er das Weib von der Hechel wieder befreie.

Das Fräulein von der Ruckburg

Auf der Ruckburg bei Lindau lebte vorzeiten ein Ritterfräulein, das war so schön, dass von weither Ritter und Adelige kamen und um es freiten. Aber das viel umworbene Fräulein war ein nachdenkliches, ernstes Mädchen, dachte noch nicht ans Heiraten und wies alle Freier ab.

Die Eltern liebten ihr Kind so sehr, dass sie es vor allem Leid und aller Not der Welt liebevoll geschützt hatten. Die junge Dame wusste daher nicht, was Kummer und Sorge bedeuten. Eines Abends ging sie unweit der Burg auf einer Wiese spazieren, ganz in Gedanken versunken, und wäre beinahe über eine Bettlerin gestolpert, die im Gras saß und strickte. Das Fräulein entschuldigte sich höflich, und die Bettlerin fing an, ihr mit bewegten Worten von der Not und dem Elend in der Welt zu erzählen, und schilderte ihr, was sie schon für traurige Tage im Leben hinter sich hatte. »Ihr könnt euch gewiss nicht vorstellen, schönes Fräulein«, jammerte die Alte, »was ich alles erduldet habe! Ihr wisst ja gar nicht, was Kummer und Sorge heißen.«

»Sag es mir«, antwortete das Fräulein betroffen, »was Kummer und Sorge sind.«

Da hielt die Alte dem Mädchen einen Knäuel Garn hin und rief: »Nehmt diesen Knäuel, liebes Fräulein, und geht damit in den Wald hinauf, lasst den Faden abrollen, so lange, bis Ihr die Seele im Knäuel drinnen seht. Dann werdet Ihr bestimmt erfahren, was Kummer und Sorge sind.«

Das Fräulein nahm lächelnd den Knäuel und wanderte munter in den Wald und rollte den Knäuel ab. Die Dämmerung brach herein, und wie es dunkler und dunkler wurde, war der Faden zu Ende und das Fräulein hielt nur noch eine Nuss in der Hand – das war die Seele des Knäuels. Das Mädchen aber erfuhr nun wirklich, was Kummer und Sorge sind. Denn nach der Dämmerung war die Nacht gekommen, und es stand mutterseelenallein im finsteren Wald, wusste den Weg zum Schloss nicht mehr zurück, hatte Hunger und Durst, doch nichts zu essen und zu trinken, war müde und erschöpft und hätte sich gern schlafen gelegt, aber nirgends fand sich ein Lager. Der Wind strich kühl durch die Bäume, aber da war kein Haus, keine Hütte, in die es hätte eintreten können. Das arme Fräulein begann bitterlich zu weinen. Mit Tränen in den Augen lief es unter den dunklen Bäumen dahin; die Zweige rauschten unheimlich und der Wind zerzauste ihm das Haar. Auf einmal, als das Fräulein schon gänzlich verzagt war, sah es ein Licht zwischen den Stämmen schimmern. Es lief auf das Licht zu und kam zu einer kleinen Hütte, die mitten im Wald stand. Als es anklopfte, öffnete eine alte Frau.

»Lasst mich diese Nacht hier bleiben«, bat das Fräulein. »Ich habe mich verirrt und finde den Weg nach Hause nicht mehr.«

»Armes Kind, komm nur herein«, sagte die Alte und führte das Mädchen in die Hütte. »Ich will dich gern heute Nacht hier behalten. Wenn nur der Jäger nicht nach Hause kommt! Dann geht es dir nämlich schlecht. Er ist ein wilder Kerl, er mag keinen Menschen um sich sehen, nur mir tut er nichts. Oft bleibt er viele Tage lang aus. So Gott will, kommt er heute Nacht nicht mehr.«

Das Herz des Fräuleins begann ängstlich zu klopfen, und es dachte, es wisse nun genau, was Kummer und Sorge bedeuten. In diesem Augenblick hörte sie von draußen ein lautes Hundegebell, und da stand der Jäger schon auf der Schwelle und fluchte nicht wenig, als er den späten Gast sah. Das Fräulein stürzte zur Tür und wollte fliehen, rannte aber dem wüsten Kerl geradewegs in die Arme. Er war so wütend geworden, dass er ihr seinen Hirschfänger nachwarf. Aber nur ein paar flatternde Locken fielen der scharfen Schneide zum Opfer, das Fräulein entwischte unverletzt und stürzte blindlings in den Wald hinaus.

Das hatte sich im Herbst zugetragen. Seit jenem Abend fand der Jäger keine Ruhe mehr. Sein Zorn war damals rasch verflogen, er begann sich seiner Wut zu schämen und das Bild des schönen Fräuleins wollte ihm nicht aus dem Kopf. Immer wieder nahm er die blonden Locken in die Hand und dachte an das Mädchen; er hätte gar zu gern gewusst, wer es war und wo es lebte. Eines Tages war seine Sehnsucht so groß geworden, dass er beschloss, die schöne Unbekannte zu suchen, und sollte er um die halbe Welt wandern müssen.

So machte er sich auf den Weg, mitten im Winter, und zog von Ort zu Ort, von Schloss zu Schloss und suchte überall das Fräulein. Viele Jahre lang wanderte er umher. Wieder war es Winter. Eines Abends kam der Jäger im Schwabenland zu einer Klosterpforte und bat um einen Schluck warmer Suppe. Die Nonne aber, die ihm die Schüssel reichen wollte, war niemand anderes als das Fräulein von der Ruckburg. Nach jener Nacht im Wald hatte sie beschlossen, ins Kloster zu gehen und ihr ganzes Leben lang für jene zu sorgen, die in Kummer und Not lebten.

Als sie nun vor der Klosterpforte den wilden Jäger erkannte, verließ sie aller Mut, sie schlug die Klosterpforte zu und flüchtete in ihre Zelle. Der Jäger war nicht weniger bleich geworden als das Fräulein. Er setzte sich auf die Schwelle der Klosterpforte. Nun, da er wusste, dass jenes Mädchen, nach dem er in so großer Sehnsucht die Welt durchwandert hatte, eine Nonne geworden war, wollte er nicht mehr weiterleben. Am anderen Morgen fand man ihn erfroren vor der Pforte des Klosters.

Der hartherzige Graf

Auf einer Burg hauste ein hochmütiger Graf, der ein Herz von Stein hatte. Besonders die Armen fürchteten ihn wegen seiner Härte. Eines Tages verbot er sogar den Untertanen in seinen sieben Dörfern, etwas an Arme zu verschenken. Zugleich befahl er, dass jedem, der sich gegen seine Weisung vergehe, Hab und Gut wegzunehmen sei. Um sich selbst davon zu überzeugen, dass sein Befehl auch genau befolgt werde, verkleidete er sich als Bettler und ging so von Haus zu Haus, überall um eine kleine Gabe bittend. Und siehe da, er bekam keinen roten Heller und keinen Bissen Brot, ja nicht einmal einen Schluck Wasser reichte man ihm! Überall wurde er aus Furcht vor der angedrohten Strafe schroff abgewiesen.

Endlich war nur noch eine ärmliche Bauernhütte übrig, die einsam am Waldesrand lag. Der Graf überlegte, ob er sich den beschwerlichen Weg dahin nicht ersparen könne. Diese Leute haben ja selber nichts zu beißen, dachte er, wie sollen sie da einem Armen etwas schenken! Um aber auch noch seinen letzten Untertanen zu prüfen, ging er doch zu der Hütte hin.

Der Kleinhäusler kehrte gerade von seinem Tagewerk heim. Der verkleidete Graf bat den Mann um ein Stück Brot, aber der entgegnete: »Ihr kommt zur falschen Zeit. Ich habe noch nie einem Armen ein Stück Brot verweigert, obwohl ich für mein Weib und sieben Kinder sorgen muss und kaum so viel habe, dass wir uns sattessen können. Aber wenn ich auch möchte, so darf ich Euch doch nichts geben, weil es der gestrenge Herr Graf verboten hat. Sonst müssten wir selber mit den sieben kleinen Kindern betteln gehen.«

Auf das hin wandte sich der falsche Bettler an die Bäuerin, die herzugekommen war, und bat sie flehentlich: »Habt Erbarmen mit einem halb verhungerten Menschen, gebt mir nur ein Stückchen hartes Brot! Gott wird es Euch tausendfach vergelten!«

Dem Weibe ging der Jammer des armen Mannes zu Herzen, sie eilte in die Stube und kam mit einem Stück Brot wieder, das sie dem Bettler reichte. Erschrocken rief ihr der Bauer zu: »Du wirst schon sehen, was jetzt kommt!« Der Bettler aber dankte und entfernte sich.

Schon am anderen Tag überbrachte ein Bote dem Bauern den Befehl, unverzüglich zum Grafen zu kommen. Mit schwerem Herzen machte sich der Mann auf den Weg ins Schloss. Man führte ihn vor den Grafen. Der Grausame herrschte ihn an: »Ist dir bekannt, dass ich verboten habe, Almosen zu geben?«

»Freilich weiß ich das«, stammelte der arme Bauer.

»Ist nicht gestern ein Bettler in deiner Hütte zugekehrt und hat dich um eine Gabe gebeten?«, forschte der Hartherzige weiter.

»Ja, Herr Graf, es war wohl einer bei mir, ich habe ihm aber nichts gegeben«, antwortete der Mann.

»Du lügst!«, schrie der Graf, stürzte ins Nebenzimmer und kam bald als Bettler wieder zum Vorschein. Der zu Tode erschrockene Bauer wollte seinen Augen nicht trauen. »Leugnest du noch?«, rief der Graf und hielt ihm das Brot hin, das er erhalten hatte. Bleich und zitternd bat der Bauer um Gnade.

Der Graf sann eine Weile nach, dann sagte er: »Wenn du mir bis zum Mittag, Schlag zwölf Uhr, die dickste Eiche aus meinem Wald auf das Schloss bringst, sei dir die Strafe geschenkt.« Damit entließ er den Bauern, der es für unmöglich hielt, ein solches Werk zu vollbringen, und sich voll Kummer und Sorge auf den Heimweg machte.

Zu Hause sprach er: »Weib, jetzt ist alles aus! Der Bettler von gestern Abend ist der Graf selber gewesen. Nur wenn ich bis zwölf Uhr die dickste Eiche aus dem Wald auf das Schloss bringe, sind wir gerettet.«

»Du solltest es doch wenigstens versuchen«, meinte seine Frau begütigend. Da nahm der Bauer die Axt und ging traurig in den Wald. »Ach Gott, wie werde ich die dickste Eiche finden?«, dachte er, suchte und spähte im Wald umher und war ganz verzagt. Auf einmal stand ein schmucker Jäger vor ihm und fragte: »Was machst du da?« Nun erzählte der Bauer von seinem Unglück und auf welche Weise allein er das Verhängnis abwenden könne. »Die dickste Eiche kann ich dir schon zeigen, komm mit«, sagte der Jäger. Die beiden gingen tief in den Wald hinein und kamen endlich zu einer Eiche, die war so mächtig, dass der Bauer staunend davor stehen blieb und die Hände zusammenschlug. »Helf uns Gott, diesen Riesenbaum soll ich bis zwölf Uhr gefällt haben!« Obwohl er die Nutzlosigkeit seines Beginnens einsah, nahm er doch die Hacke von der Schulter und hieb drei Streiche in den Baum, aber es war, als ob er an einen Stein schlüge.

Da sprach der Jäger, der ihm lächelnd zugesehen hatte: »Wir werden die Sache anders anpacken«, und machte mit seinem Stutzen drei Kreuze auf den Boden. Sogleich lag eine große Maishacke, also ein Beil mit langem, schmalem Blatt, vor ihm. »So, das ist das richtige Beil«, sagte der Jäger und hieb mit gewaltigen Streichen tiefe Kerben in den Baum. Der Bauer wollte ihm dabei behilflich sein und mit seiner Axt ebenfalls zuschlagen, aber der Jäger lachte ihn nur aus. Bald neigte die gewaltige Eiche ihre Krone und fiel mit lautem Krachen zur Erde.

Nun wollte der Bauer seinen einzigen Ochsen holen und mit dessen Hilfe den Baum fortschaffen. Aber der Jäger sagte lachend: »Dein Öchslein ist viel zu schwach, um von diesem Baum auch nur einen Ast wegzubringen.« Dann klopfte er mit dem Stutzen drei Mal auf die Erde und sofort waren ein Paar prächtiger schwarzer Rosse mitsamt einem mächtigen Wagen zur Stelle. Der Jäger hob die Eiche mit Riesenkraft hoch und warf sie auf den Wagen. Jetzt klopfte er wieder mit dem Gewehr drei Mal auf den Boden und abermals waren zwei feurige Rappen zur Stelle. Wieder klopfte er mit dem Stutzen und noch zwei glänzende Rappen standen da.

»So, das sind jetzt die richtigen Rosse«, sagte er und spannte die sechs Rappen vor den Wagen. Dann bestieg er das Gefährt und hieß auch den Bauern aufsitzen. »Aber mach vorwärts, wir haben nicht mehr viel Zeit, es schlägt bald zwölf!« Der Jäger griff in die Zügel und lenkte das Fuhrwerk so schnell dahin, dass sich der Bauer mit aller Kraft an den Ästen der Eiche festhalten musste. Wie Eichkätzchen erklommen die Rosse den steilen Felsen der Burg und hielten im nächsten Augenblick vor dem Tor.

Der Graf schaute zum Fenster hinaus und sah zu seinem Erstaunen die großmächtige Eiche und den Wagen mit den sechs schwarzen Rossen. »Muss sie auch noch in den Hof hinein?«, fragte der Bauer.

»Ja, in den Hof damit!«, befahl der Zwingherr.

Ein Ruck und das Fuhrwerk raste durch das geschlossene Burgtor, alles niederwerfend, was ihm im Wege stand. Verwundert blickte der Graf auf die Fuhre, da sagte der Jäger: »Schaut her, was für Rosse ich habe!«

»Was gehen mich deine Rösser an?«, erwiderte der Graf zornig.

»Wisst Ihr, wer die Rösser sind?«, fragte der Jäger.

»Nein«, entgegnete der Graf, »ich will es auch nicht wissen.«

»Wohl, das müsst Ihr wissen!«

»Nun, so sag mir's, wenn ich es wissen muss!«

»Das erste Paar sind Eure Eltern, das zweite Eure Großeltern, das dritte Eure Urgroßeltern, und so ein Ross könnt auch Ihr werden, wenn Ihr Euch nicht bessert!«

»Wenn die es aushalten, so werde ich's wohl auch vertragen«, erwiderte der Graf höhnisch. Auf diese Antwort hin zog der Jäger, der niemand anderer war als der Teufel selber, den Grafen durch das Fenster heraus und zerriss ihn in der Luft.

Noch heutzutage sieht man, wenn man vom Tal aus zur Burg hinaufschaut, die Eiche. Kommt man aber oben an, so ist sie verschwunden.

Tannhuser

Es war einmal ein kühner Rittersmann, Tannhuser geheißen. Der Sinn stand ihm allzeit nach Gefahr und Abenteuern, wie es einem rechten Ritter geziemt. Viele Länder hatte er befahren mit Schwertschlag und mit Harfenklang. Oftmals ritt er auch in den wilden Wald hinaus, nicht auf Waidwerk bloß, den stolzen Hirsch zu pirschen und die grimme Wildsau zu hetzen, sondern der Wunder gewärtig, die allda zu schauen wären.

Eines Tages nun, als er auch wieder ausgeritten war, da gab es sich, dass er mitten im finstern Forst aufs Mal in tiefes Sinnen versank; und als wäre er vom Schlaf benommen, ließ er seinem Ross die Zügel, sodass es ohne Weisung pfadlos durch den dichten Tann drang. Und so kam er von ungefähr an einen hohen Berg. Das aber war der Berg der holden Frau Vrene, die vieler Wunder mächtig und mancher Zauberwerke kundig war. Auf dem blumigen Hügel schwangen und drehten sich drei wunderholde Mädchen in Ring und Reigen, Blütenkränze im lichten Haar, in bunten, goldbehangenen Gewändern. Das waren der Frau Vrene liebliche Töchter, die sie allemal aussandte, um Menschenkinder, die sich auf ihren Berg verirrten, mit Gaukelspiel und Blendwerk zu betören. Und so leicht traten sie auf leisen Sohlen den Tanz, dass ihr Fuß kein Hälmlein im Grase brach und kein Blümlein knickte. Tannhuser stand still und staunte und staunte und konnte sich nicht satt sehen an dem zierlichen Spiel. Und als die Jungfrauen entschwebten, winkten sie ihm zu, ihnen zu folgen. Der Tannhuser meinte derweil, eine Stunde wäre vorüber, aber es war ein ganzes Jahr vergangen. Und ehe er wusste, wie ihm geschah, war er den Jungfrauen nachgeeilt bis zu jener Stelle, wo sie verschwunden waren. Da war ein Törlein im Gefels mit einem Guckfensterlein drin. Er schaute hinein

und siehe, da strahlte und funkelte innen alles von gleißendem
Golde und schimmerndem Edelgestein wie Sonnenglanz und
Sternenschein, sodass er schier die Augen abwenden musste, so
hell war der Glanz. Und voller Drang und Sehnsucht pochte er
mit dem Knauf seines Schwertes an die Pforte und sprach:

> Frau Vrene, tüend mir uf die Tür!
> Ein Ritter guet stoht derfür:
> Tannhuser heißt der edel Mann,
> Will halte-n-Eue Bott und Bann.

Frau Vrene antwortete mit viellieblicher Stimme:

> Tannhuser, lieber Tannhuser myn,
> Witt du by us verblybe,
> Ich will dir die jüngsti Tochter gä
> Zue eime ehliche Wybe.

Tannhuser schwur ihr's mit einem Eid. Und alsbald tat das Tor
sich auf und der Ritter schritt geschwind hinein, sein Ross am
Zügel führend. Frau Vrene aber stand auf der Schwelle, ein wun-
derherrliches Weib, und lachte ihn an mit ihrem roten Mund,
nahm ihn lind bei der Hand und geleitete ihn in ihr weites Reich
unter der Erde, tief, tief innen im Berge. Und fortan wohnte
Tannhuser auf Frau Vrenes Zauberschloss und lebte in Herrlich-
keit und Freuden mit der Herrin und ihren schönen Töchtern,
deren jüngste ihm, wie versprochen, zur Gattin gegeben wurde.

So gingen sieben lange Jahre hin wie im Fluge. Aber allemal
am Samstagabend schlossen die Jungfrauen sich in eine geheime
Kammer ein und hielten sich den ganzen Sonntag über verborgen. Das deuchte Tannhuser ein seltsames Gebaren, und es wunderte ihn je länger, je mehr, was seine Gemahlin und ihre Schwestern den Tag allemal täten oder ließen. Und wieder einmal eines
Samstagabends, da hielt er sich wach bis Mitternacht und ging

dann sachte zu jenem Gemach, worein Frau Vrenes Töchter sich einzuschließen pflegten, und zog sein Schwert aus der Scheide und suchte, wo er ein Löchlein finden könnte, um hineinzusehen. Also bohrte er ein Loch und blickte da hindurch. Aber, oh Graus!, da gewahrte er im Scheine einer taghellen Lampe die Jungfrauen: über dem Gürtel schön und lieblich wie sonst zu schauen, aber unterwärts hatten ihre Leiber Schlangengestalt, blauschuppige, silberschillernde Schwänze schleiften am Boden.

Dem Ritter verschlug der Schreck schier den Atem und vor Angst rann ihm der Schweiß über Stirn und Nacken. Er entwich unverweilt in den Zaubergarten, der das hochgebaute Schloss der Frau Vrene umgab, dass er von dem grässlichen Anblick sich verweile und heile. Unter einem alten Feigenbaum saß er ins Gras, und wie er da saß und in Sorgen sann, entschlummerte er sanft. Da träumte ihm, dass er große Sünde vor Gott begangen habe, dieweil er Frau Vrenes Berg betreten, und er solle Beicht und Buße tun, solange noch Zeit sei, sonst sei seine Seele auf ewig verloren.

Am anderen Morgen, wie es Tag geworden war, trat Tannhuser vor Frau Vrene und sprach:

> Dyner Gspilinne darf ich nüt.
> Gott het's mir hoch verbotte.
> Sie sind obam Gürtel Milch und Bluet
> Und drunter wie Schlange-n-und Chrotte.

Frau Vrene antwortete:

> Tannhuser, Tannhuser, was hesch du gseit?
> Daran sollst du gedenke:
> Du hesch mir gschwore-n-einen Eid,
> du wellisch nit vommer wenke.

Tannhuser sprach:

> Dy jüngsti Tochter, die will ich nit,
> Si treit der Tüfel in ire.
> Ich gseh's an ire bruun Aauge-n-a,
> Wie-n-er in ire tuet brinne.

Da ward Frau Vrene zornig, dass ihre Augen wie von Feuer erglühten, und sie rief:

> Tannhuser, Tannhuser, das ischt arg!
> Du sollist üs nit schelte.
> Und bischt du cho in diesen Berg,
> So muescht du es etgelte!

Tannhuser aber kehrte sich nicht an ihre Worte. »Gib mir Urlaub, Fraue, und Gott wird mir zum Rechten helfen!«, sagte er, und da musste sie ihn scheiden lassen. Er legte seine Rüstung an, gürtete sein Schwert um und sattelte sein rasches Ross. Dann verließ er den Zauberberg auf dem selben Wege, auf dem er einst hereingekommen war, und ritt klagend durch den Wald. Bald kam er zu einem einsamen Wildkirchlein. Das war an einer hohen Felswand gebaut und beschattet von einem alten Lindenbaum. Dort trat Tannhuser in Jammer und Reue ein und begehrte den Priester zu sprechen. Er kniete nieder und beichtete zerknirschten Sinnes seine Sünden, und es strömten ihm die Tränen aus den Augen. »Herr«, sagte er, »es sind sieben Jahre, dass ich in Frau Vrenes Berg war und Gott nicht liebte, noch an ihn glaubte und völlig der Macht der Frau Vrene erlag.« Der Priester aber schüttelte ernst das Haupt und strengen Mundes sprach er:

> Die Sünde, die nimm ich dir nit ab,
> Zum Papst muescht du go wandre.
> Gang und kehr dynen Pilgerstab
> Nach Rom wie vili andre!

Betrübten Herzens stand Tannhuser auf, legte Schwert und Schild und alle andere Ritterzierde ab und in eines Büßers rauem Kleide wallte er barfuß als armer Pilgersmann gen Rom. Als er nach vielen Wochen mühseliger Wanderschaft dort ankam und durch das höchste Tor schritt, fragte er nach dem obersten Priester der Christenheit. Man wies ihm den Weg, und als er in die Kirche trat, da warf er sich vor dem Papst auf die Knie und sprach:

> Gott grüeß Euch Eure heilige Papst!
> Vor Euch tue-n-ich mich gneige,
> Myni Sünde will ich Euch azeige.

Und der Papst saß auf seinem Hochsitz, den Hirtenstab mit dem Doppelkreuz in der Hand, und hörte Tannhusers Beichte an. Dann stieß er den Stab gegen die Erde und sprach:

> Lueg da, dä Stab in myner Hand,
> Vor Dürri tuet er spalte.
> So wenig das Stäbli noch Läubli treit,
> So wenig channst Gnad du erhalte!

Da kniete Tannhuser weinend vor den Kreuzaltar und breitete die Arme aus und rief:

> Ich bitte dich, Herr Jesus Christ,
> Der du der Herr im Himmel bist,
> du wellist dich myner erbarme
> Mir Ellende-n-und Arme!

Dann erhob er sich und ging zur Kirche hinaus, ganz verzagt und betrübt in seinem Herzen, und sprach zu sich selber:

> Gott ist mir allzyt gnädig gsi,
> Ich mueß en große Sünder si,
> Dass ich von ihm söll lasse
> Und fahre frömdi Straße.

Aber wie er vor das Portal hinauskam, da stand aufs Mal ein
wundersames Frauenbild vor ihm, in einem Mantel angetan so
blau wie der Himmel und auf dem Haupte trug sie eine Sternen-
krone. Das war die Muttergottes. Tannhuser senkte sein Haupt
zur Erde und sprach:

> Bhüet dich Gott, du reini Magd,
> Maria Mueter, üsi lieb Fraue,
> dich darf ich nümme-n-anschaue.

Dann schritt er davon und nahm den weiten Weg nach der Heimat wieder unter die Füße. Aber, oh Wunder!, drei Tage nachdem Tannhuser von Rom geschieden war, da hub aufs Mal der

Stab zu grünen an, trieb Sprossen, Blätter und Knospen, und als der Papst zur Vesper ging, siehe, da waren an dem dürren Holz drei wundersame rote Rosen erblüht. Der Papst erschrak in seinem Herzen und schickte gleich seine Boten aus über Berg und Tal in alle Länder. Aber sie konnten Tannhuser nirgends mehr finden und niemand wusste zu sagen, was aus ihm geworden war. Er hatte derweilen sein Schicksal erkoren und war in den Berg der Frau Vrene zurückgekehrt. Ehe er eintrat, wandte er sich um: »Gott segne euch, Sonne und Mond und alli lieben Freunde.« Frau Vrene aber stand freudvoll auf der Schwelle und sprach:

Willkumme, Tannhuser, by Eid und Ehr!
Ich han dich lang entbore.
Willkumme, Tannhuser, my liebe Herr,
dich han ich userkore.

Nach langer Zeit aber kamen des Papstes Boten auch an Frau Vrenes Berg und klopften mit ihren Stecken an die verschlossene Pforte und riefen:

Tannhuser söll do usse cho!
Syni Sünde syge-n-ihm erloh.«

Tannhuser aber antwortete und sprach:

Zue-n-ech usse cho, das chann ich nit.
Do mueß ich blybe-n-inne.
Mueß blybe bis an jüngste Tag,
Und mir der Himmel gwinne.

Und seit jenem Tage sitzt er tief, tief innen im Bergesschacht an einem steinernen Tisch, und der wallende Bart wächst ihm lang und länger, und wenn er dreimal rund um den Tisch herumgewachsen ist, dann wird der jüngste Tag bald kommen und damit die Stunde seiner Erlösung, da Gott ihn anderswo hinweisen wird. Und alle Freitagabend spät in der Nacht nickt er als wie im Traume und blinzt mit halb offenen Augen und fragt die Frau Vrene, ob der Bart jetzt drei Mal um den Tisch reiche und der jüngste Tag bald komme. Der Papst aber, der Tannhuser trotz Beichte und Buße dazumal Vergebung und Gnade geweigert, der ist nach einem halben Jahr gestorben und muss nun selber verdorben und verdammt sein auf immer und ewig.

Drum söll kein Papst, kein Kardinal
Kein arme Sünder verdamme.
Der Sünder mag sin, so groß er will,
Kann Gottes Gnad erlange.

Der Geist der Mutter

Zu Feldkirch war einmal eine Mutter, die hatte ein Büble, das über die Maßen lieb war und der Mutter durchs Feuer gesprungen wäre. Als die Mutter plötzlich krank wurde und starb, hat das Büble Tag und Nacht geweint, und wenn es schlafen wollte, ist ihm die Mutter in den Sinn gekommen. Da geschah es um Mitternacht, wie es noch immer wach und traurig in seinem Bettchen lag, dass auf einmal ganz leise die Türe vom Schlafkämmerlein aufging. Als es erschrocken hinschauen wollte, wer da wohl komme – siehe, da stand seine verstorbene Mutter vor ihm in einem schneeweißen Kleid; nur am Ärmel war ein schwarzes Tüpfle. Freundlich sagte sie: »Gell, Hannesle, du kennst mich noch?«

»Ja freilich kenn' ich dich noch«, entgegnete das Kind.

»So geh«, sagte die Mutter, »und wisch dir die Augen aus und bete andächtig einen Rosenkranz, dass mir da mein Tüpfle an meinem rechten Ärmel vergeht; ich bin dann ohne Sünde und kann in den Himmel. Jetzt muss ich noch geistern, weil ich einmal ein Mäßle Gerste entliehen und nimmer zurückgegeben habe. Merk's für dein Leben: »Fremd Gut tut kein gut!« So sprach sie und verschwand darauf. Das Hannesle aber sprang eilig aus dem Bett und betete kniend einen Rosenkranz. Wie es mit dem letzten Gesätzlein fertig war, da erschien ihm die Mutter noch einmal, doch ohne das Tüpfle am rechten Ärmel und über und über schneeweiß wie ein Engel. Sie deutete gen Himmel und sagte: »Hannesle, jetzt komm' ich hinauf.« Mit diesen Worten war sie verschwunden. Da wurde es dem Hannesle ganz wohl ums Herz und es schlief ruhig ein.

Der Teufel im Thurgau

Es fiel einmal dem Teufel ein, dem Thurgau, den man ihm als Paradies geschildert, einen Besuch abzustatten. Der Weg führte ihn auf den Seerücken, von wo sich ihm der See mit seinem lieblichen Gestade darbot. Der Anblick gefiel ihm so sehr, dass er sich entschloss, sich dort einige Zeit niederzulassen. Er wählte sich ein schönes Dorf am See aus und nahm in einer Wirtschaft Kost und Logis. Nach kurzer Zeit hatte er die Beobachtung gemacht, dass die Einwohner des Dorfes noch pfiffiger waren, als man sie ihm geschildert, und er machte sich daran, eine Probe vorzunehmen. Zu diesem Zwecke hatte er sich einen Bauern ausgesucht, der ihm wenig pfiffig erschien. Diesem schlug er eine Wette vor, wer von ihnen beiden listiger sei, auf die der Bauer ohne Zögern einging. Der Bauer war eben mit Mosten beschäftigt, und da dem Teufel die Bereitung des Mostes gänzlich unbekannt war, so ließ er sich vom Bauer darüber belehren. Als sich der Teufel eine Kostprobe erbat, sagte der Bauer: »Es tut mir

Leid, dass ich kein Glas da habe; Sie können aber aus dem Fass trinken, wobei ich Ihnen gerne behilflich sein will.« Da das große Fass kaum zur Hälfte gefüllt war, musste sich der Teufel bücken, um trinken zu können. Mit Wohlbehagen sog er den süßen Saft ein und wünschte bei sich, einen solchen Trank in der Hölle zu haben. Plumps! – stieß ihn der Bauer von hinten ins Fass hinein, legte den Deckel darauf und nagelte diesen fest. Der betrogene Teufel stieß ein entsetzliches Geheul aus und flehte den Bauer um Befreiung aus seiner misslichen Lage. Der pfiffige Mann ließ sich dazu herbei, aber erst nachdem der Jammernde zugegeben, dass er die Wette verloren habe und versprach, eine Summe Geldes in blanken Talern zu zahlen.

Der beschämte Teufel bezahlte und suchte dann einen günstigeren Ort auf, in der Meinung, die Leute seien dort weniger pfiffig. Er nahm sein Logis bei einem Müller, der eine reizende Tochter hatte. Bald kitzelte ihn die Lust, demselben die gleiche Wette vorzuschlagen. »Topp«, sagte dieser, dem Teufel die Hand reichend, »aber was muss ich dir geben, wenn ich verliere?«

Der hocherfreute Teufel erwiderte: »Ich verlange nichts als deine Tochter zur Frau.«

Der Müller, dem der hübsche, sauber gekleidete junge Mann gefiel und der nicht wusste, mit welch gefährlichem Gesellen er zu tun hatte, sagte entschlossen: »Meinetwegen, wenn meine Tochter damit einverstanden ist. Was aber gibst du mir, wenn ich gewinne?«

Der Teufel hielt es für unmöglich, zu verlieren und sagte: »Dann baue ich dir und deiner Tochter das schönste Schloss, das die Welt je gesehen hat.« Bei dieser Abrede verblieb es.

Nun aber hatte des Müllers Tochter die beiden hinter einer Wand belauscht. Wohl konnte und wollte sie dem Teufel ihr Herz nicht verschenken, aber das schöne Schloss wollte sie doch nicht verscherzen und dachte, ihren Vater bei der Überlistung des Teufels kräftig zu unterstützen. Es war aber noch etwas anderes im Spiel. Sie liebte einen jungen, heiteren Knecht. An eine Verheiratung mit demselben aber durfte sie nicht denken, denn er war arm und der Vater wollte einen reichen Schwiegersohn. In der Hoffnung, den Stolz ihren Vaters nach der Überlistung des Teufels brechen zu können, zog sie ihren Schatz ins Vertrauen; denn sie wusste wohl, »wo der Bartli den Most holt«.

Dem Teufel gegenüber war sie außerordentlich freundlich, sodass derselbe seines Triumphs gewiss, ihr allerlei Anträge stellte, auf die sie bereitwillig einging. Bei einer geheimen Zusammenkunft schilderte er ihr die Pracht seiner Heimat, sodass sie sich bereit erklärte, ihm zu folgen. Sie stellte ihm auch eine weitere Zusammenkunft in Aussicht, ersuchte ihn jedoch, sich vorher in einem Ziegenstall zu verbergen, bis sie ihn von dort in ihr Zimmer abhole.

Am verabredeten Tage fand sich der Höllenritter zur bezeichneten Stunde im Ziegenstalle ein, um dort sehnsüchtig auf seine zukünftige Braut zu warten. Kaum aber hatte er sich im dunklen Gemach nach Möglichkeit umgesehen, als er von hinten einen heftigen Stoß bekam, der ihn an die Wand schleuderte. Und noch ein Stoß kam und noch einer, sodass der geängstigte Teufel die Türe suchte, die er zu seinem Schrecken verschlossen fand. Er schrie um Hilfe, aber immer heftiger erfolgten die Stöße. Endlich öffnete sich die Türe. Im Augenblick, als er hinausstürzen wollte, fühlte er sich von hinten gepackt und fand sich auf den Rücken eines Ziegenbocks gesetzt, der unter schallendem Gelächter des Müllers, seiner Tochter und des Knechtes das Weite suchte.

Da hatte der Teufel genug vom Thurgau. Er bestellte einen Baumeister, der das dem Müller versprochene Schloss bauen sollte, schnürte schleunigst das Bündel und fuhr wieder zur Hölle. Seither wollte der Teufel nichts mehr von den pfiffigen Thurgauern wissen.

So lieb wie das Salz

Es war einmal ein König, der hatte drei Töchter, die liebten ihren Vater alle sehr. Eines Abends, als sie so vertraulich beisammen saßen, fragte der König seine Kinder: »Wer von euch hat mich denn am liebsten?«

Da sagte die Älteste: »Vater, ich habe dich so gern wie einen Edelstein.«

»Und ich wie eine Perle!«, rief die Zweite.

Rose aber, die Jüngste, sprach: »Ich habe dich so lieb wie das Salz!« Darüber ergrimmte der König gar sehr, denn solche Rede hielt er für argen Spott, und in seinem Zorn befahl er, ihm dies Kind sogleich aus den Augen zu schaffen.

Also erhielten zwei Jäger den Auftrag, Rose in den Wald zu führen und dort zu töten. Die Jäger gehorchten und brachten das Kind hinaus in den tiefen Wald. Als sie an eine Stelle kamen, wo niemand mehr ihre Spur finden konnte, hielten sie an und sagten: »Nun musst du sterben, denn der König hat uns befohlen, dich zu töten.«

Da weinte die Königstochter bitterlich und bat die Jäger, ihr doch das Leben zu schenken. »Ich will mich auch nie mehr im Lande sehen lassen«, sagte sie, »wenn ich mein Leben behalten darf.« Weil aber das Mädchen so gut war, hatten die Jäger Mitleid mit ihm und ließen es frei. Und sie schnitten einem Hündlein, das sie begleitete, die Zunge heraus; die brachten sie dem König und der glaubte nun wirklich, dass sein Kind getötet worden sei.

Die Königstochter irrte lange im Walde umher. Sie lief weiter und weiter, bis sie in ein fremdes Land kam. Überall klopfte sie an und bat um Arbeit, aber es fand sich kein Haus, in dem jemand vonnöten war. Endlich kam sie an ein großes Schloss. Da fasste sie Mut und ging hinein, grüßte höflich und fragte, ob sie hier nicht in Dienst genommen werden könnte. Nun war gerade die Stelle eines Küchenmädchens frei geworden und so wurde die Prinzessin eine einfache Magd, musste Wasser schöpfen und Holz tragen und allerlei niedere Arbeit verrichten. Weil sie aber so fleißig war, schickte sie der Koch öfters in den Garten, damit sie dem Küchengärtner helfe.

So geschah es, dass sie der Königssohn zu Gesicht bekam, und sie gefiel ihm sogleich über die Maßen. Eines Abends, als der Prinz mit seiner Mutter im Garten spazieren ging, fragte die Königin: »Mein Sohn, welche Blume gefällt dir wohl am besten in unserem Garten?«

Da antwortete der Königssohn: »Diese Rose hier!«, und er deutete auf das Küchenmädchen Rose, das gerade die Blumen goss. Darüber erzürnte die Königin und sie schalt den Prinzen, weil er an einer Gärtnerin Gefallen fände.

Aber der Prinz wollte nicht von der schönen Magd lassen, und eines Tages, als er sie wieder im Garten traf, fragte er sie, wie sie denn aufs Schloss gekommen sei. Da erzählte das Mädchen, sie sei eine Königstochter und aus ihres Vaters Reich geflohen, weil er sie hatte töten wollen. Da war der Prinz erstaunt und froh zugleich, und weil sie sich so gern hatten, gelobten sie einander Liebe und Treue. Und es dauerte nicht lange, da wurde zur Hochzeit gerüstet. Aus allen Reichen kamen die Hochzeitsgäste, und auch der König, der Vater der Braut, war geladen. Ein prächtiges Festmahl wurde zur Begrüßung aufgetragen, aber der Bräutigam hatte alle Speisen ohne Salz zubereiten lassen. Als man nun an der Tafel saß und zu kosten begonnen hatte, da legte der alte König auf einmal Messer und Gabel beiseite und schaute nachdenklich und traurig vor sich hin. »Ohne Salz schmeckt auch die beste Speise nicht«, sagte er, »doch nun ist es zu spät. Ich hatte drei Töchter und die sollten mir einmal sagen, wie lieb sie mich hätten. Da sagte die erste ›wie einen Edelstein‹, die zwei-

60

te ›wie eine Perle‹, die jüngste aber antwortete mir: ›Vater, ich
habe dich so lieb wie das Salz.‹ Ich Unseliger hielt dies für argen
Spott und in blindem Zorn ließ ich mein eigen Kind töten. Was
gäbe ich darum, wenn sie noch am Leben wäre!« Und der alte
König vergoss bittere Tränen.

Da öffnete sich die Türe des Saales weit und Braut und Bräutigam traten herein. Als der König aber die Braut erblickte, da
sah er, dass die Braut niemand anderes war als seine Tochter
Rose. Das Herz wollte ihm schier brechen vor Scham und Reue,
aber die Prinzessin lief ihrem Vater entgegen, schlang ihre Arme
um seinen Hals und herzte und küsste ihn. Und sie weinten vor
Freude. Nun wurde die Hochzeit gefeiert mit allem Glanz und
der junge König und die Königin lebten fortan glücklich zusammen. Wer weiß, vielleicht leben sie noch heute.

Die Toten streiten

Es war einmal ein frommer und tapferer Rittersmann, der hatte die schöne Gewohnheit, bei jedem Kirchlein, das an der Straße lag, sein Ross anzubinden und einen Augenblick im Gebet zu verharren. Desgleichen ritt er auch niemals an einem Friedhof vorüber, ohne vom Pferd zu steigen, auf den Boden zu knien und fünf fromme Vaterunser und Ave für die armen Seelen zu sprechen. Das segnete ihm unser Herrgott mit Gesundheit und gutem Glück und rühmlichen Heldentaten, die er in manchem Krieg für die gerechte Sache vollbrachte.

Nun geschah es einmal, da ritt unser Held noch spät in der Nacht seines Weges. Ringsum war alles still, der Mond beleuchtete die weiße Mauer eines Friedhofs, wo unser Rittersmann schon oftmals angehalten und seine Gebetlein für die armen Seelen verrichtet hatte. Auch diesmal wollte er nicht vorüberziehen, stieg von seinem Rösslein und kniete unter einer alten Linde auf dem Friedhof nieder. Im selben Augenblick hört er ein Geflüster, und eine Rotte Räuber stürzte hinter der Mauer hervor. Kaum hatte er Zeit, sich aufzuraffen und nach seiner Waffe zu greifen. So tapfer er sich nun wehrte, war es doch unmöglich, gegen so viele den Kampf zu bestehen; noch ein Augenblick und er war verloren.

Doch siehe – da öffneten sich die Gräber vor seinen Augen, Gerippe über Gerippe stiegen empor, schwangen Sensen und flogen im Sturmschritt wie zur Schlacht einher. Entsetzen überfiel die Räuber, kaum fanden sie Zeit, über die Mauer des Kirchhofs zu entrinnen. Unser treuer Rittersmann aber war gerettet.

Mit den Feinden jedoch waren auch die Freunde verschwunden. Still und friedsam ruhten die Gräber wie zuvor; da betete der Ritter abermals seine fünf Vaterunser und fünf Ave und ritt getrost von dannen.

Selbst tun, selbst haben

Ein Mann ging einmal in den Wald, um Holzklötze zu spalten. Als er mitten bei der Arbeit war, kam eine Fenggin, eine von den wilden Leuten, zu ihm, hockte sich auf den Boden und fing an zu schwätzen und ihn über allerhand auszufragen.

Der Holzmann gab ihr zuerst auf alles Antwort. Aber die Fenggin hatte ein grausiges Mundwerk und schwätzte und fragte so viel, dass dem Manne das Geschnatter zuwider wurde und er allmählich die Geduld verlor. Er hielt sich darum auch nicht mehr an die Wahrheit, und als sie wissen wollte, wie er heiße, sagte er »Selb«, obwohl sein Name Hannes war. Die närrische Fenggin glaubte ihm und fragte bald nach etwas anderem.

Zuletzt aber stieg dem guten Hannes vor Zorn die Röte ins Gesicht und er brummte: »Du wüstes Ding, jetzt könntest du anfangen, dein Maul zu halten!«

Die Fenggin gab indes keine Ruhe und schwätzte weiter. Im Eifer steckte sie gar ihre Hand in die Spalte, die Hannes mit Beil und Keil in den Klotz geschlagen hatte. Als der Mann das gewahrte, riss er den Keil heraus und sprang davon. Die Spalte schnellte zusammen und klemmte die Hand der Fenggin ein, dass das Blut unter den Nägeln hervorschoss und sie überlaut zu brüllen anfing. Auf ihr Geschrei kam ein Fengg aus dem Wald gelaufen, sah sie zappeln und fragte, wer ihr das getan habe.

»Oh, Selb tan!«, rief die Fenggin.

Darauf lachte der Fengg und entgegnete: »Selb tan, selb han«, ging wieder in den Wald und ließ die Fenggin im Klotz zappeln.

Petrus am Bodensee

Es ist nun schon lange her, da bekam in einem schönen Herbst Petrus Sehnsucht, wieder einmal über die Erde zu wandern. Er ging zu Gott und bat um sieben Tage Urlaub. Und Gott sprach zu ihm: »Ich weiß, dass du immer Sehnsucht nach dem See Genezareth hast. Deshalb gehe zu meinem Lieblingssee, dem Bodensee, den ich als Modell für das Weltmeer geschaffen habe.«

Glücklich stieg Petrus zur Erde nieder und wanderte an den Ufern des Bodensees entlang. Nun war es ein gutes Jahr gewesen, deshalb feierten die Menschen überall frohe Feste. Petrus feierte mit, er vergaß deshalb, dass er nach sieben Tagen in den Himmel zurückkehren sollte. So wurden aus den sieben Tagen 30 Tage.

Mit schlechtem Gewissen trat er vor den Thron des Herrn und um Entschuldigung bittend erzählte er, wie es eben nach diesem guten Erntejahr gar so schön am Bodensee gewesen sei und wie herrlich die Menschen gefeiert hätten. Gott lächelte nachsichtig und fragte: »Sprechen die Menschen auch von mir?«

Petrus wurde verlegen und stotterte: »Eigentlich nur wenn sie fluchen.«

Im folgenden Jahr war eine Missernte. Wieder bat Petrus um sieben Tage Urlaub. Und wieder wanderte er zum Bodensee. Aber nach der schlechten Ernte waren die Menschen nicht zum Feiern aufgelegt. So kehrte Petrus schon nach drei Tagen zum Himmel zurück. Wieder trat er vor den Thron des Herrn und berichtete, wie traurig es diesmal auf der Erde gewesen sei. Gott fragte: »Sprechen die Menschen auch von mir?«

Eifrig rief Petrus: »O ja, in allen Kirchen und Kapellen, vor jedem Bildstock liegen die Menschen auf den Knien, rufen dich an und bitten dich, ihnen im nächsten Jahr wieder eine gute Ernte zu geben.«

Die verleumdete Gräfin

Es war einmal ein Mädchen, das hatte seinen Vater, solang es denken mochte, immer nur traurig gesehen. Endlich konnte es nicht mehr anders und fragte ihn nach der Ursache seiner Traurigkeit. Da vernahm es, dass es drei Büder gehabt, die der Vater einst im bösen Zorn zu Raben verwünscht hatte. Von dem Augenblick an fand es daheim keine Ruhe mehr, und sobald es unbemerkt davongehen konnte, machte es sich auf, um seine Brüder zu suchen. Am Abend kam es in einen Wald, da wohnte eine Fee, welche dem Mädchen schon lange gewogen war. Die Fee behielt das Kind über Nacht in ihrer Laubhütte; und am andern Morgen, als das Mädchen ihr sein Anliegen erzählt hatte, führte sie es bis an den Rand des Waldes und sagte da zu ihm:

Gradaus übers Feld und mitten im Feld
Da stehn die drei schönsten Linden der Welt,

und dann ließ sie's allein weitergehen. Nachdem es noch einen halben Tag gegangen war, sah es mitten auf einem weiten Feld drei alte Linden, und auf einer jeden saß ein Rabe. Als es aber näher hinzukam, flogen die Raben von den Linden herunter, setzten sich ihm auf Schultern und Hände und fingen an zu sprechen: »Ei, sieh doch, unser herzliebes Schwesterchen kommt und will uns erlösen.«

»Ach Gott«, sagte das Mädchen, »was ist es ein Glück, dass ich euch gefunden habe. Sagt mir doch nur, wie ich es anstellen soll, damit ihr erlöst werdet.«

»Freilich ist es ein schweres Stück«, antworteten die Raben, »drei Jahre lang darfst du kein Menschenwort reden, und versiehst du's nur ein einziges Mal, so müssen wir eben Raben bleiben unser Leben lang. Auch darfst du uns nicht mehr hier besuchen.«

»Das will ich euch zulieb schon tun«, sagte das Mädchen und begab sich sogleich auf den Heimweg. Bald kam es wieder in den Wald und zu jener Stelle, an der die Hütte der Fee gestanden hatte. Allein da war heute ein stattliches Schloss zu sehen, aus dem sprengte eben ein Zug von Jägern und einer von diesen blies das Jagdhorn, dass es im Wald laut schallte. An der Spitze ritt aber der Herr Graf, dem das Schloss und der Wald und das ganze Land herum gehörte. Als der das wandernde Mädchen erblickte, ritt er heran und fragte: »Woher des Weges und was willst du hier?«

Allein das Mädchen gab keine Antwort, sondern verneigte sich bloß mit Anmut, und der Graf wurde nicht satt, ihre liebliche Gestalt zu betrachten. »Nun, wenn dir Gott die Rede versagt hat«, sprach er, »so hast du doch holde Zucht und Sitte, und wenn du mit mir auf das Schloss kommen willst, so soll es dich drum nicht reuen.«

Mit stummer Gebärde willigte das Mädchen ein und der Graf brachte es sofort zu seiner Mutter ins Schloss. Vor dieser verneigte es sich wieder, sprach aber nicht ein Wort dazu. »Wo bringst du die Dirne her?«, fragte die alte Gräfin. »Es scheint, sie hat eine schwere Zunge, was soll sie im Schloss?«

»Sie soll meine Gemahlin werden«, sagte der Graf. »Seht nur hin! Ist sie nicht anmutig? Und wenn sie auch nicht spricht, so hat sie doch sonst kein Fehl.« Darauf schwieg die alte Gräfin, aber sie behielt einen heimlichen Groll im Herzen.

Am andern Tage feierte der Graf mit hohen Freuden sein Hochzeitsfest. Aber die Hochzeit war kaum vorüber, so kam ein Gesandter von dem Kaiser, der hieß alle seine Untertanen, zu einem großen Kriegszug zusammenzukommen, und auch der Graf musste ohne Verzug Abschied nehmen von seiner jungen Gemahlin. Zuvor bestellte er indessen einen Diener und befahl ihm, dass er für die junge Frau Sorge tragen sollte wie für seinen Augapfel. Der Graf war jedoch kaum fort, so begann die alte Gräfin ihre verborgene Tücke auszulassen und sie bestach sogleich den Diener. Als dann die junge Gräfin später einen wunderlieblichen Knaben gebar, nahm ihn der Diener auf der Alten Geheiß weg und trug ihn in den Wald hinaus, damit er dort von den wilden Tiere gefressen werde.

Bald darauf kam der Graf auf Urlaub nach Hause. Da sagte die Alte zu ihm: »Dein stummes Weib ist ein Zauberweib, sie hat ein totes Kind zur Welt gebracht.«

Und der Diener, der herbeigerufen wurde, sagte: »Ja, Herr Graf, draußen im Wald liegt's, da habe ich's begraben.«

Wieder verging ein Jahr, da kam der Graf zum zweiten Mal auf Urlaub. Indessen hatte seine Gemahlin einen zweiten Knaben geboren, den hatte der Diener wieder hinausgetragen, und die Alte sagte: »Dein stummes Weib ist des Teufels, das zweite Kind war gar kein Kind, sondern ein behaartes Tier.«

Und der Diener sagte: »Ja, Herr Graf, es war ein schwarzer Hund, draußen im Wald habe ich ihn verscharrt.«

Nun wurde der Graf zornig und befahl, dass seine Gemahlin gleich der untersten Magd im Schlosse dienen solle. Wieder nach einem Jahr war der Kriegszug des Kaisers beendigt und der Graf kehrte als Sieger nach seinem Schlosse zurück. Unterdessen hatte seine Gemahlin einen dritten Knaben geboren, den hatte der Diener wieder in den Wald hinausgetragen, und die Alte sagte: »Dein stummes Weib hat den Tod verdient, das dritte Kind war ein garstiges Ungetüm.«

Und der Diener sagte: »Ja, Herr Graf, es ist gleich durch das Fenster nach dem Wald hin geflogen.«

Nun ließ der Graf seine Gemahlin in den Turm werfen, denn er wollte sie am folgenden Tag bei lebendigem Leib verbrennen.

Und als der Holzstoß im Schlosshof errichtet war, auf welchem sie verbrannt werden sollte, ließ er sie hinaufführen und das ganze Gericht musste sich versammeln. Dann trat der Herold hervor, verkündigte der jungen Gräfin den Tod und fragte das Gericht, ob jemand da sei, der die Angeklagte zu verteidigen wüsste. Aber alles schwieg, und man hörte keinen Atem, nur die arme Gräfin seufzte leise.

Da erscholl plötzlich aus der Ferne ein Horn, und wie ein Sturmwind jagten alsbald drei Ritter in silberblanker Rüstung auf schneeweißen Rossen in den Schlosshof hinein. Sie trugen alle drei einen Raben im Schild und jeder hielt im Arm einen wunderlieblichen Knaben. Und ehe der falsche Diener, der gerade neben dem Holzstoß stand und schon eine Fackel zum Anzünden bereithielt, sich versah, hatte ihn einer der Ritter mit seiner Lanze durchspießt. Und die drei riefen: »Da sind wir, liebe Schwester! Heute sind die drei Jahre um. Auch bringen wir dir deine Kinder wieder, die Fee im Walde hat sie aufgezogen!«

Da war eine Freude und ein Jubel, ihr könnt euch denken wie! Die alte Gräfin lief vor Verdruss in die weite Welt hinaus und der Graf lebte mit seiner Gemahlin in lauterer Liebe zusammen.

Von mutigen
und klugen Frauen

Die tapferen Frauen von Warth

Im Jahre 1461 erwarb der Kartäuserorden das verarmte Stift Ittingen von den Augustinerchorherren, es gehört somit zu den späten Ordensgründungen. Viele der Mönche kamen aus dem Ausland und waren hier in der Einsamkeit und im Verborgenen. Die Kartäuser lebten innerhalb ihrer Gemeinschaft als Einsiedler, jeder in seinem Häuschen, nur verbunden durch den Kreuzgang, in dem sie einander schweigend begegneten. Um das ganze Anwesen hatten sie eine Mauer hochgezogen. Der Bevölkerung blieben die neuen Ordensherren fremd, zumal diese ihr geistliches Amt nur innerhalb des Klosters ausübten und sich weder priesterlich noch seelsorgerisch um das Wohl und Wehe der gewöhnlichen Leute kümmerten. Dies ging so weit, dass gemäß ihren Satzungen die Klosterkirche dem Volk verschlossen war und die Kirchgänger auf die Leutkirche in Uesslingen verwiesen wurden. So konnten die Männer, Frauen und Kinder auch nicht mehr die Messe besuchen. Das war ein arger Notstand. Nur die Männer aus dem Volke, welche zur Arbeit ins Kloster kamen, durften an der Messe in den hintersten Reihen der Klosterkirche teilnehmen.

Das behagte den Frauen von Warth aber gar nicht. Unter den Augustinern hatten sie das Recht, die Gottesdienste in der Klosterkirche zu besuchen – und damit sollte es jetzt auf einmal vorbei sein? In großer Empörung drangen sie in die Kirche ein und ließen sich um nichts in der Welt mehr daraus vertreiben. Dieser berühmt gewordene Sitzstreik der Frauen führte endlich dazu, dass ihnen eine eigene Kapelle im Dorf versprochen wurde. Sogar die eidgenössische Tagsatzung beschäftigte sich damit und verpflichtete den Prior zum Bau der Kapelle. Er führte den Auftrag – gern oder ungern – auch aus. Nach mehreren Vergrößerungen und Veränderungen steht sie heute als Dorfkirche von Warth freundlich und weithin sichtbar auf dem Rebenhügel in unmittelbarer Nähe der Kartause Ittingen. Bei den Einheimischen wird sie liebevoll »die Frauenkirche« genannt.

Die Bregenzerwäldlerinnen im Schwedenkrieg

Nach der Einnahme der Stadt Bregenz durch die Schweden im Jahr 1644 blieb eine kleine schwedische Besatzung in der Stadt zurück. Auch Lingenau im vorderen Bregenzerwald erhielt eine Einquartierung, während die Hauptmacht der Schweden über Lindau nach Schwaben zog.

Als die Schweden auf einem Streifzug einmal bis vor das Dorf Alberschwende gekommen waren, sahen sie plötzlich an den vor ihnen liegenden Hängen eine Schar weiß gekleideter Gestalten, die schnurstracks auf sie zukam. Die Schweden, diese abergläubischen Kerle, glaubten nichts anderes, als dass ein Trupp himmlischer Wesen in den Bregenzerwald gekommen sei, um gegen sie zu kämpfen. Sie standen ganz verdattert da, das Herz schlug ihnen bis zum Hals und sie wussten nicht ein noch aus.

Die weiß gekleideten Wesen ließen den Schweden aber nicht lange Zeit, sich von ihrem Schreck zu erholen. Mit unhimmlischem Geschrei stürzten sie über die armen Kerle her und hieben mit Sensen, Schaufeln und Heugabeln so wacker auf diese ein, dass die Schweden Hals über Kopf davonrannten und noch am selben Tag abzogen.

Diese himmlischen Wesen hatten nun keineswegs Engelsflügel, noch waren sie zart und fein, wie es überirdische Geschöpfe sein müssten, sondern es waren kräftige Bauersfrauen und Mädchen aus dem Bregenzerwald, die vom Anmarsch der Schweden gehört hatten und, tapferer als ihre Männer, den Soldaten entgegengezogen waren. Dass sie alle weiße Kleider trugen, war kein Wunder. Die Tracht der Bregenzerwäldlerinnen war damals weiß und soll erst später gegen eine dunkle vertauscht worden sein.

Zum Andenken an den Mut der Frauen durften im Bregenzerwald noch lange Zeit die Frauen vor den Männern beim Opfergang in der Kirche zum Altar gehen. Die Männer mussten warten, bis die letzte Frau vom Altar zurückgekommen war, dann erst durften sie aus den Bänken gehen, damit sie nicht vergaßen, dass einst ihre Frauen tapferer als sie gewesen waren.

Das mutige Thurgauer Mädchen in Konstanz

Die Eidgenossen schrieben einst an den Kaiser und baten ihn, den Schwabenkrieg durch ein gerechtes Gericht zu beenden. Wider Willen hätten sie zu den Waffen gegriffen, dass sie ihre Freiheit, die von den Vorfahren überkommen, schützten. Wenn man sie aber noch weiter bedränge, dann würden sie sich selbst nicht

untreu werden, sondern, wie es freien Männern gezieme, eher eines ehrlichen Todes sterben als einen schmählichen Frieden schließen oder gar schimpflich in Knechtschaft leben. Und dessen seien sie gewiss: Wenn der Menschen Gerechtigkeit missachtet werde, so werde Gottes Hilfe ihnen nicht fehlen.

Das Mädchen, das den Brief gebracht hatte, stand im Hofe – denn keiner bediente sich in diesem Kriege der Herolde, nur alte Frauen und unreife Mädchen gingen als Boten – und wartete auf Antwort. Da sprachen es einige Kriegsleute vom Gefolge des Königs an und fragten: »Was tun denn die Eidgenossen auf ihren Posten?«

Das Mädchen antwortete: »Seht ihr denn nicht, dass sie warten, bis ihr sie angreift.« Und als jene weiterfragten, ob es ihrer viele seien, sprach es: »Gerade genug, um euch zu werfen, wenn ihr sie angeht.« Und wie nun jene in es drangen, es solle doch sagen, wie viel ihrer seien, erwiderte es: »Wenn's mir recht ist, hättet ihr sie jüngst selber zählen können, als ihr euch vor den Toren dieser Stadt mit ihnen schlugt, wenn nicht die Flucht eure Augen blind gemacht hätte.«

»Aber«, fuhren jene fort, »haben sie denn noch etwas zu essen?«

»Wie könnten sie denn leben, wenn sie nicht äßen und tränken«, hielt das Mädchen entgegen.

Diese Antworten machten alle, die umherstanden, lachen, und einer, der das Mädchen erschrecken wollte, drohte, er wolle ihm den Kopf abschlagen, und legte die Hand ans Schwert. Aber das Mädchen erschrak kein bisschen und sagte: »Wahrlich, da sieht man, was du für ein Held bist, einem Mädchen drohst du den Tod. Wenn dich also sehr gelüstet, das Schwert zu ziehen, warum wirfst du dich nicht auf die Eidgenossen? Freilich, dort dürftest du bald einen Mann finden, der deinen Übermut dämpfen würde.«

Die treue Amme auf Bodman

Im Jahre 1307 brannte die Burg Bodman nieder, als in Abwesenheit des Burgherren die meisten Familienmitglieder und Anverwandten des Hauses bei einem Gastmahl auf der Burg versammelt waren. Ein schreckliches Gewitter war losgebrochen und ein Blitz hatte in den Saal, in dem die Festgesellschaft versammelt war, eingeschlagen. In wenigen Augenblicken stand der ganze Bau in Flammen. Alle, die darin gewesen waren, kamen im Feuer um. So viel ist geschichtlich.

Die Sage aber erzählt von der Rettung des jüngsten Sohnes des abwesenden Burgherren: Auf dem Schloss befand sich die

Amme des jüngsten Sohnes des Burgherren, die Adelheid gerufen wurde. Während des Brandes schwebte allen der sichere Tod vor Augen, doch sie war nur darauf bedacht, den ihr anvertrauten Säugling – die letzte Hoffnung des uralten Bodman'schen Geschlechtes – zu retten.

In aller Eile und Aufregung nahm sie aus der Küche einen kupfernen Kessel, wickelte das Kind in dicke Tücher und legte es in den Topf hinein. Darauf machte sie das Geschirr fest zu, ließ aber einen Spalt geöffnet, sodass das Kind noch Luft bekam. Dann eilte sie zum Fenster und schrie der unten stehenden Volksmenge, welche zwar helfen wollte, aber wegen der brennenden Stiegen und Zugänge nicht konnte, mit lauter Stimme zu. Hiermit befehle sie dieses Kind dem Schutz der allerheiligsten Dreifaltigkeit und Johannes des Täufers, dessen Namen es führe. Dann warf sie den Kessel aus dem Fenster, den steilen Berg hinab. Das Kind aber wurde durch die Hand des Allerhöchsten wunderbarerweise gerettet. Die Leute fanden den Kessel und brachten das Kind in Sicherheit. Es wurde dann von den auf der benachbarten Burg Kargegg wohnenden Verwandten, einer Seitenlinie des Geschlechts, erzogen.

Als nun der Burgherr Hans von Bodman wieder in die Heimat zurückkehrte und von dem Unglück, das sein Geschlecht und seine Burg betroffen, und auch von der wunderbaren Errettung seines jüngsten Sohnes hörte, da ließ er anstelle des Schlosses eine Kapelle zu Ehren »Unser lieben Frauen« erbauen – weshalb der Hügel von nun an Frauenberg genannt wurde. Zudem stiftete er den Grund, auf dem das Schloss gestanden, nebst Wiesen, Gärten und Wäldern dem Kloster Salem mit der Bestimmung, dass zwei Salemer Mönche ständig dort wohnen und in der Kapelle täglich Messe lesen sollen, zum Gedächtnis und für das Seelenheil der anno 1307 durch den Blitz umgekommenen Glieder der Familie von Bodman.

Diese Stiftungsurkunde, deren Echtheit allerdings bezweifelt wird, gibt es heute noch, ebenso den Kessel, in dem das Kind gerettet worden war. Er ist von eigentümlicher Form und verengt sich nach oben. Nach mündlicher Überlieferung war dieser Kessel im Lauf der Zeit in verschiedene Hände gekommen, bis ihn später ein Herr von Bodman wieder erwarb; er soll einen ganzen Bauernhof dafür gegeben haben.

In der Kapelle auf dem Frauenberg ist die Rettung des einzigen Stammhalters der Bodman'schen Familie auf einer Tafel abgebildet. Auch ist auf einem sehr alten Gemälde, das in Salem aufbewahrt wird, der Brand des Schlosses dargestellt. Weiterhin führt seit jenem Ereignis jedes Glied der Freiherrlichen Familie von Bodman neben dem Taufnamen noch den Namen Johannes.

Der Pfullendorfer Brotlaib

Einmal geschah es, dass die schwäbische Ritterschaft einen Anschlag gegen die Stadt Pfullendorf plante. Man wollte die Stadt während der Nacht mit drei Haufen von Berittenen und Fußvolk umstellen und alsdann am Morgen mit einem weiteren, kleineren Haufen die Viehherden der Stadt samt den Hirten überfallen und das Vieh wegtreiben. Daraufhin, so meinten die Ritter, würden die meisten Bürger ungestüm aus der Stadt eilen, um ihr Vieh zu retten, sodass die übrigen Haufen die unbewehrte Stadt leicht einnehmen und plündern könnten.

Dieser hinterlistige Anschlag war dem ehrbaren Freiherrn Werner von Zimmern bekannt geworden. Und da er die Pfullendorfer als seine guten Nachbarn sehr schätzte und ihre vielen Dienste, die sie ihm und seinem Geschlechte allzeit erwiesen hat-

ten, nicht mit Undank lohnen wollte, so erwog er hin und her, ob er die Bürger vor dem drohenden Angriff warnen und dergestalt seine Standesgenossen verraten sollte. Über diesen Grübeleien fiel er in eine solche Traurigkeit und Schwermut, dass alle, die um ihn waren, merkten, dass ihm etwas gar Wichtiges auf dem Herzen lag. Besonders seiner Eheliebsten, Frau Brigitta von Gundelfingen, machte sein bekümmertes Wesen große Sorge; sie war eifrig bemüht, das Geheimnis ihres Gemahls aufzudecken. Doch Werner von Zimmern wies alle ihre Fragen kurz ab. Darum tat sie, als ob sie sich zufrieden gäbe, und setzte sich abseits in eine Fensternische. Nun hatte aber Herr Werner die Gewohnheit, seine Gedanken laut vor sich hinzumurmeln. Und so, zumal er sich im Zimmer allein glaubte, enthüllte er den gegen die Stadt Pfullendorf gefassten Anschlag mit klagenden Worten, ja, er bezeichnete sogar in seinem Selbstgespräch voll Unwillen genau den Tag, an dem der Überfall ausgeführt werden sollte.

Als Frau Brigitta diese Worte vernommen, schlich sie eilends und still hinaus. Weder ihrem Gemahl noch sonst jemandem gab sie darüber die mindeste Kenntnis, was sie eben gehört. Sie schrieb aber dem Pfullendorfer Bürgermeister sogleich einen Brief, worin sie ihm das Vorhaben des Adels enthüllte und ihn bat, am genannten Tag um die Stadt größte Sorge zu haben. Diesen Brief ließ sie durch einen vertrauten Bäcker in ein Weißbrot backen und übergab das noch ofenwarme Brot einem Boten, damit er es unverzüglich zum Bürgermeister bringe. Der war ob der sonderbaren Nachricht – er möge sich dieses Geschenk wohl empfohlen sein lassen – hoch verwundert, ging in sein Gemach und schnitt das Brot entzwei. Da fand er den Brief, worin ihm Frau Brigitte den geheimen Anschlag der Ritterschaft kundgab. Wiewohl er darüber nicht wenig erschrak, so ließ er doch von dem geplanten Überfall kein Sterbenswörtlein verlauten, sondern traf insgeheim alle zur Sicherheit der Stadt erforderlichen Vorkehrungen und ließ sonderlich die Tore und Türme wohl schützen.

Wie nun der Tag herangerückt war, an dem der Überfall bewerkstelligt werden sollte, da trieben die Pfullendorfer Hirten ihre Viehherden wie gewohnt vor die Stadt auf die Weide. Sie hatten jedoch den Weideplatz kaum erreicht, als die ritterlichen Spießgesellen über sie herfielen und sie grob misshandelten. Alsbald erhob sich in der Stadt ein großer Lärm. Die Bürger rotteten sich zusammen, bewaffneten sich mit Spießen und Äxten und wollten dem Feinde nacheilen, um ihm das geraubte Eigentum wieder zu entreißen. Allein der Bürgermeister widersetzte sich ihrem Vorhaben und ließ keinen zur Stadt hinaus. Nun eröffnete er ihnen, wie die schwäbische Ritterschaft sich gegen die Stadt verschworen hatte, und er befahl den Leuten, sofort die Mauern und Tore zu besetzen. Wie jetzt also die Ritter mit ihren Reisigen, also berittenen Söldnern, heransprengten und vermeinten, das Städtlein sei schon so gut wie erobert, da machten sie lange Gesichter, denn die Brücken waren hochgezogen und die

Tore verrammelt. Da erkannten sie, dass ihr Anschlag verraten worden war, und sie zogen beschämt ab. Die Pfullendorfer aber feierten dafür künftighin jedes Jahr ein Dankfest mit Hochamt, Waffenspiel und Lustbarkeit. Hierzu luden sie die Zimmern als Ehrengäste ein und legten auf deren Plätze jedes Mal ein schönes Laibchen Weißbrot. Dieser Brauch wurde viele Jahre beibehalten, bis er im 16. Jahrhundert mit dem Aussterben des Zimmernschen Geschlechtes in Vergessenheit geriet.

Die beherzte Jungfrau
mit der Kunkel

Ein mutiges und eigenwilliges Mädchen aus Hohenweiler ging eines Abends mit Spinnrad und Kunkel zum Nachbarn in die Spinnstube. Da kam es an einem Buchenhain vorbei, von dem es allgemein hieß, er sei nicht ganz geheuer; seit Jahren schon hause ein Geist in diesem Wäldchen. Und wirklich sah das Mädchen auch eine dunkle Menschengestalt im Buchenhain unstet auf- und niederschreiten, die kläglich wimmerte und dabei immerfort rief: »Wo soll ich's hintun?« Die Jungfrau aber entgegnete: »Du Narr! Wo es her hast.« Kaum hatte sie das gesagt, da sprang die Gestalt in einem Satz auf sie zu, fasste die Kunkel an und den Flachs, der alsbald lichterloh zu brennen begann. Auf diesen plötzlichen Überfall war die beherzte Jungfrau nicht gefasst gewesen, darum lief sie erschrocken über Stock und Stein zum Haus des Nachbarn. Als sie dort bei Kerzenlicht ihre nackte Kunkel besah, da war das Mal von fünf Geisterfingern darin eingebrannt. Und seither spukte es nicht mehr in dem Buchenhain, der Geist war erlöst worden.

Die Freifrau von Tengen

Es war gegen Ende des 15. Jahrhunderts, als die Eidgenossen auch am Schwabenlande ihr Mütchen kühlen wollten. Der nahe liegende Hegau war das Hauptgebiet ihres Tobens. 12 000 Eidgenossen zogen durch dasselbe sengend und brennend, sodass binnen einer Woche zehn Dörfer, Flecken und Schlösser im Schutt lagen. Dieses Los sollte auch das Städtlein Blumenfeld treffen, und so rückten die Schweizer vor dessen Mauern. Tapfer wehrten sich die Einwohner, mussten aber endlich doch der Übermacht weichen und sich zur Übergabe bereit erklären. Vor allem war es den Schweizern um den Freiherrn von Tengen zu tun, der im Schlosse selbst mit seiner Gemahlin, einer geborenen von Roseneck, Hof hielt. Laut den Übergabebedingungen sollte dieser in die Hände der Schweizer gegeben werden, während den Bürgern erlaubt würde, frei abzuziehen. Auch der Burgherrin wurde freier Abzug bewilligt und noch überdies gestattet, ihre besten Kleinodien mit sich zu nehmen.

Siehe da, während die Schweizer der Ausziehenden harrten, erschien die Burgfrau am Tore, angetan mit ihrem festlichsten Schmuck und – auf dem Rücken tragend – ihren Ehegemahl. Das gefiel den Schweizer Hauptleuten so wohl, dass sie der edlen Schwabenfrau lautes Lob zollten und sie mit ihrem Schatz unbeschadet abziehen ließen; ja sogar, als ein gemeiner Soldat die Hand nach ihrer Halszierde ausstreckte, um sie abzureißen, nahe daran waren, ihm das Haupt um dieses Frevels willen abzuschlagen.

Die zwei Häfen

Ein Bauersmann hatte es sich angewöhnt, von Zeit zu Zeit kräftiger über den Durst zu trinken, als es ihm bekömmlich war. Er pflegte dann nämlich doppelt zu sehen. Eines Abends, als er wieder einmal nur mit Mühe zur Türe hereingefunden hatte, saß seine Frau noch bei einem Licht und spann.

»Hast du nicht genug mit einem Licht«, schimpfte er, »musst du gleich zwei anstecken?«

»Willst du mich blind machen?«, erwiderte die Frau. »Ich habe nicht mehr als eines brennen, aber du scherst dich besser in dein Bett.«

An einem anderen Abend, als er seinen kleinen Buben noch in der Stube spielen sah, wollte er durchaus wissen, von wem der andere Knabe wäre, der da noch herumhüpfe, und die Frau hatte große Mühe, ihn zu beruhigen. Je besser ihm der Wein im Wirtshaus mundete, desto öfter geschah ihm dergleichen.

Eines Sonntags aber, als er wiederum gehörig angetrunken nach Hause kam, hatte seine Frau in der Küche einen Hafen mit Fleisch auf dem Feuer stehen.

»Weib«, sprach er, »heute wollen wir es uns aber einmal wohl sein lassen. Was hast du Gutes in den beiden Häfen drin?«

»Zwei gedämpfte Hühner«, entgegnete die Frau, »heb dir nur gleich das eine herunter, das andere ist für mich.« Damit zog sie den Hafen geschwind vom Feuer und er langte nach dem anderen, der gar nicht da war. Und so landete er mit beiden Händen in den Flammen, die ihn ordentlich verbrannten.

Von da an wurde der Bauer friedlicher, trank weniger und sah somit auch nicht mehr zwei Häfen auf dem Herd stehen.

Kaiserin Helena und Emerius

Zu der Zeit, da die Kaiserin Helena eine Kirche über jene Stätte bauen ließ, an der das heilige Kreuz gefunden worden war, kam ein Edelmann aus Trier namens Emerius – ein Christ, der damals gerade in der Stadt Bissena weilte – zu ihr nach Rom. Diesen bat die Kaiserin sehr, dass er in ihrem Auftrag in Deutschland einen Ort ausfindig machen solle, wohin sie einen Teil ihrer lobwürdigen Reliquien schicken könne, damit sie dort verehrt würden. So zog Emerius nach seiner Heimkehr aus, um so manchen Ort zu besichtigen. Zuletzt kam er in Schwaben auf einen hohen Berg, der ihm gar wohl gefiel, und baute darauf zu Ehren des heiligen Kreuzes eine Kapelle. Dann eilte er wieder zu Helena nach Rom und sagte ihr, was er gefunden, geschaffen und gebaut habe. Da dankte sie ihm und bat ihn, sogleich zu versuchen, ob er jemand bewegen könne, auf jenem Berge Wohnung zu nehmen. Emerius antwortete ihr und sprach: »Wäre ich noch zu etwas nütze, dann wollte ich am liebsten selbst dorthin ziehen mit Weib und Kindern, da mir der Ort über alle Maßen wohl gefällt.« Sogleich forderte ihn Helena auf, sich für die Fahrt zu rüsten. Für die neue Heimat gab sie ihm ein großes Stück des Stuhles, auf dem Jesus mit Dornen gekrönt wurde, Teile der Dornenkrone, der Säule, der Geißel, der Rute, des Schwammes. Außerdem erhielt er Haare Mariä, Stücke ihres Mantels und ihres Kopftuches, ein Teil des Spottkleides des Herodes, das Jesus angehabt hatte, ein Teil des Kleides des Apostels Johannes, das dieser auf der Flucht bei der Gefangennahme Jesu zurückgelassen hatte, auch einen Splitter des Steines, auf dem Jesus am Ölberg gekniet war, und noch so manch andere Reliquie. Damit zog Emerius fort und baute auf dem Berg in Schwaben eine Behausung und eine Burg, in welcher er die zahlreichen Heiligtümer aufbewahrte.

Nun kam um jene Zeit, da Emerius den Bau vollendet hatte, eine schreckliche Seuche über die Welt. Dabei erbrachen sich die Menschen heftig, fielen zu Boden, schrien laut und starben später unter schrecklichen Qualen. Es lebte aber damals eine fromme Frau, die Clareta hieß. Als diese eines Nachts in ihrem Bette lag, wurde ihr von Gott offenbart, dass die von der Seuche befallenen Menschen auf den Berg wallfahren und sich dort vor Gott verantworten sollten, dann würde die Krankheit ein Ende nehmen. Das wurde dem Volk bekannt gegeben. Sogleich begannen viele auf den Berg zu pilgern, um der Wunder teilhaftig zu werden, die von dem Reliquienschatz des Emerius ausgingen. Wer eine Wallfahrt dorthin machte oder sie durch ein Gelübde versprach, der genas von seiner Krankheit. Ja, so groß wurde nun der Ruhm des heiligen Berges, dass der Papst einer Frau aus dieser Gegend, die alle Jahre nach Rom gepilgert war, erklärte: Sie bedürfe Rom nicht, sie habe zu Hause Heiligtümer genug. Auch trug er ihr auf, dass sie ihm Erde vom heiligen Berge bringen oder schicken sollte, weil er ebenso gerne auf den heiligen Berg pilgern wollte wie sie nach Rom, es aber nur im Geiste, nicht mit dem Leibe vermöge. So erhielten damals Berg und Burg den Namen »Heiligenberg«, und des Emerius Söhne wurden »die von dem Heiligenberg« genannt.

Mit der Zeit wurde der Zulauf des Volkes zu dem heiligen Berge immer größer und der Gebieter, dem es zinspflichtig und untertan war, wurde immer mächtiger, was zwei Herren sehr verdross: Der eine hieß Amelang von der Fils, der andere Gilg von Kelmüntz. Beide nahmen ihr Kriegsvolk und all ihre Freunde und Gönner und zogen mit diesen vor den heiligen Berg, wo sie vier Tage lagen. Doch plötzlich wurde das ganze Heer mit Blindheit geschlagen. Auf den Rat der seligen Frau Clareta, die ihnen nahe legte, einen ewigen Frieden zu schließen, da sie nur so von ihrer Blindheit wieder geheilt würden, sandten sie einen Friedensboten auf die Burg. Dort wurden sie mit 24 Mannen eingelassen und vor die Heiligtümer geführt, sodass sie von Stund an wieder sehend wurden. Nun wurde auch das ganze Kriegsvolk vorgeführt, und siehe, alle wurden sogleich von ihrer Blindheit geheilt. Da schlossen sie ewigen Frieden und dauernde Freundschaft: Amelang von der Fils gab seine Tochter dem Herrn Alban, einem Sohn des Herrn von Heiligenberg, und baute für diesen auf dem Felsen, auf dem Frau Clareta wohnte, eine stolze Burg, die er Meersburg nannte.

Sankta Orilla

Auf der Burg, die zur Mittagsseite der Stadt Lindau im See neben der Schiffbrücke liegt, ruht der Leib einer heiligen Jungfrau, Sankta Orilla oder Aurelia genannt; so geht die gemeine Sage. Die Jungfrau soll in einem Schritt von Fußach – einem Dorf jenseits des Sees in einer Meile Abstand gelegen, das von dieser Begebenheit seinen Namen bekam – bis nach Lindau auf die Burg geschritten sein. Man zeigt ihr Grab dort noch heute.

Das Privileg der Äbtissin

Die Fürstäbtissin zu Lindau am Bodensee hatte während ihrer Regierungszeit das Recht, einen vom dortigen Stadtmagistrat zum Tode verurteilten Bösewicht durch eigenhändiges Abschneiden des Strickes von des Scharfrichters Hand zu befreien.

Als einst ein Übeltäter ausgeführt wurde, befand sich die Fürstin mit ihrem Gefolge gerade am so genannten Baumgarten. Auf Geheiß des Beichtvaters bat der Malefikant fußfällig um Erlösung. Die Fürstin ergriff sodann den Strick, woran der Verurteilte vom Scharfrichter geführt wurde, schnitt ihn ab und sagte: »Ich erlöse dich im Namen des Allerhöchsten und der gebenedeiten Jungfrau Maria.«

Hierauf wurde der Erlöste ins Stift genommen, gespeist, beschenkt, zur Besserung seines Lebens ermahnt und seinem anwesenden Vater übergeben. Der Strick wurde ihm, wie allgemein üblich, um den Leib gebunden und es wurde ihm befohlen, diesen lebenslang zum Gedenken zu tragen.

Ehrguta von Bregenz

Es war im Jahre 1407. Die Appenzeller, ein tüchtiges Schweizer Bergvolk, hatten sich mit anderen Städten in der Schweiz und im Rheintal verbündet und bedrängten die Schlösser und Städte im Bodenseegebiet. Schließlich waren sie bis in die Nähe von Bregenz vorgedrungen und berannten und beschossen die Stadt und auch die Festung, die dem Grafen Rudolf von Montfort gehörte. Wäre Bregenz gefallen, so hätte der oberschwäbische Adel nichts mehr zu lachen gehabt. Dieser schloss daher auf Rat des Grafen von Montfort einen Schutz- und Trutzbund, der gegen die Schweizer zu Feld ziehen wollte. Inzwischen aber bedrängten die Appenzeller den Grafen und Bregenz hart, und man kann sich vorstellen, dass der Herr von Montfort und der Rat der Stadt ungeduldig auf das Herannahen des schwäbischen Entsatzheeres warteten. Die Führer der Appenzeller aber hatten von diesem Heer Kunde erhalten. Sie versammelten sich also in einem Gasthaus zu Rankweil und berieten hinter geschlossenen Türen, wie sie den schwäbischen Rittern zuvorkommen könnten. Schließlich beschlossen sie, Bregenz zu überrumpeln und die Bürger der Stadt zu einem Bündnis gegen den schwäbischen Adel zu zwingen. Der Überfall auf die Stadt sollte am Tag des heiligen Hilarius geschehen.

Die Beratung der Appenzeller war ziemlich laut und lebhaft vor sich gegangen, da sich die Eidgenossen in der Stube allein und unbelauscht glaubten. Erst als sie aufstanden und wieder zu ihren Leuten zurückgehen wollten, bemerkte einer hinter dem großen Ofen eine alte Frau, die allem Anschein nach schlief.

»Hallo«, rief er, »Kameraden, wir sind belauscht worden! Wir müssen das Weib töten, bevor es uns verrät.«

Die Männer drängten fluchend und schreiend auf die Frau ein. Sie wehrte sich, so gut sie konnte, und rief: »Nein, nein, ich habe nicht gelauscht! Was glauben denn die hohen Herren! Ich habe geschlafen wie ein Murmeltier, bis Ihr mich geweckt habt. Ich bin todmüde ins Haus gekommen, schon vor vielen Stunden, und die Wirtin hat mir erlaubt, hier hinter dem Ofen zu schlafen.«

Die Männer wussten nicht, ob die Alte die Wahrheit sprach oder nicht, aber die Lust, sie zu töten, war ihnen vergangen. Sie ließen die Alte hoch und heilig schwören, keinem Menschen auch nur ein Sterbenswort von dem zu sagen, was sie in der Stube gehört hatte, und jagten sie nachher unter Drohungen in den Stall.

Die Frau hockte eine Zeit lang im Stall und lauschte auf den Lärm, der aus der Wirtsstube zu ihr drang. Dann schlich sie vorsichtig zur Stalltür, öffnete einen Spalt und spähte hinaus. Nirgends war ein Wächter zu sehen. Da verschwand sie im Nu um die nächste Ecke. Mühsam lief sie durch die tief verschneite Winterlandschaft; immer wieder stolperte sie, ihr Atem ging pfeifend, und nur die Angst vor den Schweizern verlieh ihr die Kraft, durchzuhalten. Die Kälte drang ihr durch Mark und Bein, der schneidende Wind drohte, ihr den Atem zu nehmen, aber sie lief weiter und weiter, bis sie die Stadt Bregenz erreichte. Zu Tode erschöpft kam sie bis zum Rathaus und schleppte sich mit letzter Kraft die Stufen zur Ratsstube empor, wo gerade der Stadtrat versammelt war.

Ohne sich von den Ratsdienern aufhalten zu lassen, drang sie in die Ratsstube ein und wärmte sich am flackernden Feuer. Die Stadtväter schüttelten entrüstet und verwundert die Köpfe über dieses sonderbare Verhalten, und der Amtmann rief zornig: »Bist du verrückt, Weib? Wie kannst du dich unterstehen, hier einzudringen? Und warum starrst du wie blöd das Feuer an?«

»Herr«, erwiderte die Frau, nach Atem ringend, »ich komme aus Rankweil. Ich habe mich unter Eid verpflichtet, keinem Menschen ein Wort von dem zu sagen, was ich dort gehört habe. So will ich dem Feuer da erzählen, was ich mit eigenen Ohren vernommen und mit eigenen Augen gesehen habe.« Und sie berichtete, zum Kamin gewandt, ausführlich und laut, was sich in der Wirtsstube zu Rankweil zugetragen hatte.

Der Rat hörte mit offenen Mündern und nicht wenig erschrocken zu, und als die Alte geendet hatte, behandelte man sie mit Ehrfurcht wie eine hohe Dame. Der Amtmann fragte sie um ihren Namen, und sie antwortete: »Jedermann nennt mich die alte Guta.«

Die Ratsherren benachrichtigten nun sofort den Grafen von Montfort und dieser sandte Eilboten an die schwäbischen Ritter mit der Bitte, so schnell als möglich zu Hilfe zu kommen. So kam es, dass am Sankt-Hilarius-Tag achttausend Mann, Ritter und Reisige, zur Rettung der Stadt Bregenz heranrückten. Und anstatt die Stadt zu überrumpeln, wurden die siegessicheren Eidgenossen durch die unvermutete Ankunft des Entsatzheeres überrascht und erlitten eine völlige Niederlage. Sie wurden samt und sonders vernichtet, nur drei von ihnen entkamen.

Die Ratsherren der Stadt ließen nun die alte Frau ins Rathaus kommen und fragten sie, welchen Lohn sie für ihre Tat wünsche. »Ach, hohe Herren«, antwortete die Alte, »was soll ich mir viel wünschen! Wenn ich zeit meines Lebens Nahrung und Obdach hier habe, dann bin ich zufrieden.« Den Ratsherren schien das ein bescheidener Wunsch und sie drängten die Alte, es sich noch einmal zu überlegen, sie seien gerne bereit, ihr all die Ehre zu erweisen, die sie als Retterin der Stadt verdiene. »Gut«, sagte nun die Alte und lächelte, »dann sollen die Nachtwächter der Stadt von Martini bis Lichtmess jede neunte Abendstunde mit dem Ruf anzeigen ›Ehret die Guta!‹.«

Dieser Wunsch der alten Frau wurde durch Jahrhunderte hinweg treu befolgt. »Ehrguta, Ehrguta« – diesen Ruf konnte man lange noch hören, wenn der Nachtwächter in den stillen Straßen von Bregenz die neunte Stunde ausrief.

Die Retterin von Hirschtal

Es geschah im Sommer 1782, über das deutsche Reich brauste der Sturm der Klosteraufhebungen. So schrecklich wütete der Orkan, dass lautes Wehklagen ob der Verheerung erklang.

Am 14. Juli galoppierte eine Reitertruppe von acht Mann vom vorarlbergischen Schwarzach nordwärts dem schwäbischen Meer zu. Sie saßen auf feurigen Rappen. Voraus ritten zwei in vornehmer Amtstracht, die anderen folgten drei und drei.

»Mir wird etwas zweifelhaft«, ließ sich der Mittlere der zweiten Linie vernehmen.

»Machen wir kurze Rast, Majestät«, sprach der Reiter zur Rechten.

»Zu Kennelbach kenn ich den Wälderhof«, wusste der Linke, »dort gibt es trefflichen Seewein.«

Die Majestät war Kaiser Joseph II., der Begleiter zur Rechten Wenzel Anton Fürst von Kaunitz und der zur Linken Philipp Graf Cobenzl. Auf der Fahrt nach Frankfurt hatte der Kaiser Innsbruck besucht und wünschte nun Alemannien zu sehen und das trauliche Bregenz. Er hatte die Eigenart, Land und Leute persönlich kennen lernen zu wollen, wobei er sich leutselig benahm, ja sich mit dem gemeinen Mann ins Gespräch einließ, bisweilen sogar bei der Arbeit auf dem Feld mithalf. Wusste man doch, dass er einmal zu Poboritz in Mähren den Pflug erfasst und ein Stück Feld umgegraben und auch in Böhmen die Sense geschwungen hatte. Seinem Äußeren nach war der Herrscher ein schlanker Mann mit bartlosem, schmalem Gesicht von frischer Farbe und die Habsburgernase zeichnete ihn wie wenige seines Geschlechtes.

Die Herren hatten Platz genommen in der Gaststube vom Wälderhof, wo die Familie Metzler aus Schwarzenberg die Wirtschaft führte. Nur zwei von ihnen trugen Amtstracht, die anderen sechs fielen in ihrer Reisekleidung niemandem auf. »Was befehlen Majestät?«, flüsterte der Herr zur Rechten. Es war Fürst Kaunitz, ein schmächtiges Männchen mit einem Vogelkopf und zwei Äuglein gleich geschliffenen Edelsteinen. Der Gefragte zwinkerte ihm zu und flüsterte, das er unbekannt bleiben möchte und nur als Graf gelten. So bestellte Kaunitz einen Vespertrunk mit Aufschnitt, doch der Tropfen solle der beste Seewein sein, den die Wirtsleute hätten. Der schwerhörige Wirt in kurzer Joppe machte den tiefsten Bückling, dessen er fähig war; die Wirtin lächelte breit: »Den Besten, den wir haben.« Und beide Alten traten, ohne ihre Gäste zu kennen, hinaus. Gleich darauf erschien die Tochter Ruth mit einer rotfunkelnden Flasche und dem Gläserkorb. Das Mädchen war kaum achtzehn Jahre alt und trug zwei schwere Goldzöpfe, wie es sie sonst weit und breit in den Dörfern nicht gab. Ihr Gesicht war wie ein bräunlicher Pfirsich und ihre Augen wie dunkle Granaten. Sie hatte ein blütenweißes Schürzchen an und am Mieder steckte eine tiefgelbe Rose.

»Mit wem haben wir die Ehre?«, tat launig der Kaiser.

»Ruth ist mein Name, die älteste Tochter vom Haus.«

»Wie alt?«

»Im Herbst werd' ich achtzehn.«

»Hat Sie schon einen Bräutigam?«

»O ja«, lachte das Kind.

»Darf man fragen, wo er wohnt?«

»Der Herr fragt viel.«

»Es liegt uns allen an Ihrem Wohl. Also, wo wohnt der Erkorene?«

Das Mädchen wurde rot und drehte sich halb abseits, sodass die Zöpfe schwangen: »Ich sag's den Herren nicht gern.« Helles Lachen scholl den Tisch entlang.

»Weiß Sie, wer gefragt hat?«, drängte Kaunitz.

»Der Herr in der Mitte?«

»Weiß Sie, wer er ist?«

»Wie sollt ich es wissen?«

»Es ist der Kaiser, also wo wohnt Ihr Liebster?«

Da trat das Mädchen einen Schritt zurück, ein weher Zug grub sich in ihr Antlitz, dann richtete sie sich auf und sprach fest: »Herr Kaiser, mein Liebster wohnt im Tabernakel.« Ein paar der Männer lachten laut heraus. Doch nicht alle belustigte die Antwort.

Der Monarch blickte ernst und fragte weiter: »Wie meint Sie das?«

Das Mädchen wurde nun entschiedener: »Ich werde nicht heiraten, ich geh ins Kloster.«

Da bekam Joseph II. einen herben Zug im Gesicht, die Begleiter saßen sprachlos, zwei, drei führten das Glas zum Munde und sahen verständnislos drein, der Kaiser aber warf entgegen: »Wir sind eben daran, die Klöster im Lande zu schließen.«

»Mein Kloster darf der Herr Kaiser nicht aufheben.«

»Wie heißt dies Kloster?«

»Kloster Hirschtal hier ob Kennelbach.«

Das Reichsoberhaupt sah Kaunitz fragend an. Doch schon hatte dieser ein Notizbüchlein gezogen und kurz geblättert, jetzt schürzte er die Lippen und blickte seinen Herrn an: »Steht leider auf der Liste.«

»Nun«, fragte der Kaiser, »wie steht's da?« Und er rieb hastig Zeigefinger und Daumen der rechten Hand.

»Hat ein kleines Waldstück, ist sonst schlecht begütert und hält im Dorf Schule.«

»Also doch ein Besitz«, wandte sich der Monarch an Ruth, »da muss ich einen Kaufpreis verlangen.«

»Und der wäre?«, forschte die Unschuld.

»Dafür muss Ruth, die Tocher vom Wälderhof, Kaiser Joseph dem Zweiten ein herzhaftes Kusserl geben.«

»Wenn's nicht mehr ist«, errötete siegreich das Mädchen, dabei flog ein banger Blick unter ihren Lidern auf den Gewaltigen hinter dem Tische, »er wird wohl nichts Unrechtes im Schilde führen.« Wieder ertönte Gelächter und etliche der Tafelrunde erhoben dabei ihr Glas: »Prost, prost.«

Und wirklich erhob sich der Reichsfürst: »Also Ihr Kloster bleibt stehn.« Und er streckte seine Arme nach dem Kinde aus, nahm ihren Kopf zwischen die Hände und Ruth drückte ihm einen aufrichtigen Kuss auf die Lippen. Des Kaisers Beine, eng bekleidet und in Stiefeln steckend, gerieten dabei in eine wankende Stellung, wodurch seine Würde etwas Einbuße erlitt, während ihre Zöpfe durch einen hastigen Ruck schnell zurückflogen.

»Und nun?«, betonte das Mädchen.

»Wie?«, lächelte der Landesherr.

»Ausgemacht«, verlangte sie; »ausgemacht«, entschied er. Eben waren Vater und Mutter hereingetreten und hatten die Szene erblickt. Verblüfft sah der Wirt drein, betroffen die Wirtin ...

»Um einen Kuss«, gestand Ruth, »hat mir der Herr Kaiser versprochen, dass das Kloster Hirschtal nicht aufgehoben werden soll.« Die Wirtsleute verbeugten sich tief und sahen verschämt drein. Die Gäste lachten erneut.

»Ausgemacht«, sprach der Kaiser; »ausgemacht«, die Tochter, »ausgemacht«, beide Eltern. Endlich gelang es den Herren, sich ihrem Aufschnitt zuzuwenden und sich daran gütlich zu tun.

Als Ruth gleich darauf um eine neue Platte in der Küche verschwand, wer trat durch die Tür? Joseph II. Doch wie ein Eichhörnchen entwich sie in die Speisekammer und schoss durch den Gang in die Stube zurück, denn ein zweiter Kuss war nicht ausbedungen gewesen. Unter großer Heiterkeit verabschiedeten sich die hohen Herrschaften vom Wälderhof und als Wirt und Wirtin nach den letzten Bücklingen und langem Nachwinken in die Stube zurückkehrten, fanden sie einen Zettel auf dem Tisch mit der Handschrift des Kaisers: »Kloster Hirschtal zu Kennelbach wird nicht aufgehoben. Joseph der Zweite.«

Im nämlichen Herbst wurde Ruth bei den Dominikanerinnen zu Hirschtal als Frau Maria Magdalena eingekleidet. Die Wirtstochter brachte der Priorin Maria Katharina und dem Beichtvater Marquard Sutor vom Predigerorden aus Konstanz mit dem kaiserlichen Schriftstück ein kostbares Dokument. Hatte man bis dahin doch lange genug in Angst gelebt. Am 4. Juli 1780 hatte die Subpriorin des Klosters an den Kanonikus Reutemann in Konstanz geschrieben: »Ich kann Euer Hochwürden und Gnaden gewisslich versichern, dass wir in Zufriedenheit und Liebe beieinander leben, doch immer etwas in Angst wegen der Aufhebung. Der Allerhöchste wolle nur dieses erbärmliche Schicksal von uns abwenden ...« Dieser Besorgnis war man nun enthoben und wem man's verdankte, wusste man gut.

Auf Weihnachten 1783 legte Frau Maria Magdalena ihre ewigen Gelübde ab. Sie war die beste Sängerin, die das Haus seit Jahrzehnten gehabt hatte, sang sie doch sicher und klangvoll das hohe C. 1789 wurde sie zur Oberin gewählt. Sie war es dann auch, die nach dem Brand von Hirschtal, anno 1796, vom Stadtamt Bregenz das Kloster Thalbach erwarb. Dort erlebte sie noch viele Weihnachten. Und auch, als sie zum letzten Mal ihren Christtag beging und die Schwestern ihr kleine Geschenke brachten, freute sie sich am meisten über das schön geflochtene Weidenkörbchen, worin in Moos gebettet die rotbackigen Äpfel lagen, die so schön nur im Klostergarten ob Kennelbach gediehen. Darauf lag ein Stück Zuckergebäck, geformt wie zwei zum Kuss sich spitzende Lippen. Ein Spruchband daran trug die Inschrift: Der Retterin von Hirschtal.

Von geistlichen
und weltlichen Herren

Konrad von Fridingen

Konrad von Fridingen, der letzte Herr von Hohenkrähen, galt
bei den Städtern im schwäbischen Kreis als arger Schnapphahn,
der den Frachtwagen der Ulmer Handelsherren, die aus Welsch-
land kommend durch den Hegau zogen, manchen Schaden zu-
fügte. Hörte man aber den fahrenden Spielmann die neuesten
Schwänke und Heldenstücke erzählen, dann wusste der von
manchem scharfen Strauß zu berichten, den der Friedinger zum
Nutzen irgendeines Verfolgten ausgefochten. Ja, es war kund im
ganzen Nellenburger Ländchen: Wer irgend Schutz und Hilfe
brauchte, beim Friedinger auf dem Hohenkrähen konnte er bei-
des finden.

Des Friedingers bester Kumpan war ein Hegauer Reitersmann mit Namen Stephan Haußner; der besaß außer Ross und
Steigbügel weiter nichts als das morsche Gemäuer einer halb zer-
fallenen Burg und stand bei allen Schenkwirten weit und breit
wegen jahrelanger Zechschulden übel auf dem Brett. Wenn er
nicht gerade wegelagerte, ritt er von Turnier zu Turnier und
rang im Lanzenstechen oder im Schwertkampf um die ausgesetz-
ten Preise. Davon lebte er.

Einst war der Haußner in solcher Absicht nach Kaufbeuren
gekommen, hatte sich allda mit Rittern und Bürgersöhnen im

Waffengang gemessen, drei stattliche Rosse und manchen blinkenden Harnisch erfochten, auch sonst viel Gut und Ehre gewonnen. Dagegen verlor er hier zu Kaufbeuren dann aber sein Herz. Er verliebte sich nämlich beim Festschmaus des Preisstechens in die Tochter eines reichen Kaufherrn; die aber war bereits mit einem städtischen Junker verlobt und wies darum Haußners Werbung ab. Da ritt unser Hegauer Reitersmann zu seinem Freunde auf Hohenkrähen, in der Absicht, mit des Friedingers Hilfe den kaufbeurischen Pfeffersäcken einen gehörigen Schaden zuzufügen. Und siehe da, es bot sich schon sehr bald Gelegenheit dazu. Ausgesandte Späher brachten die Kunde, es nahe ein ganzer Zug mit Kaufleuten, die von Zürich kämen und über Singen nach Kaufbeuren ziehen wollten. Denen lauerte der Haußner mit dem Friedinger und dessen Reisigen auf, überwältigte sie nach heftiger Gegenwehr und führte sie als Gefangene auf die Burg Hohenkrähen.

Nicht lange danach hat der Rat von Kaufbeuren ob dieses Frevels erbitterte Klage laut werden lassen bei Kaiser Maximilian, der sich damals gerade in Nürnberg aufhielt. Der erzürnte über jene hegauischen Wegelagerer und befahl darum seinem obersten Feldhauptmann Georg von Frundsberg, das elende Räubernest unverzüglich dem Erdboden gleich zu machen.

Dem Frundsberg und seinen Landsknechten war dieser kaiserliche Auftrag ein leichtes Spiel. Sie brachen alsbald in den Hegau ein, umzingelten den Hohenkrähen von allen Seiten und schleuderten dann aus allen ihren Geschützen schwere Stein- und Eisenkugeln gegen die Burg, bis die kühnen Verteidiger erkennen mussten, dass sie mit Mann und Maus verloren seien, wenn sie die Feste nicht freiwillig übergeben würden. Da bot Frundsberg dem wackeren Friedinger freien Abzug an, unter der Bedingung, dass er den Haußner ausliefere. Doch Konrad von Fridingen wies das ehrenvolle Anerbieten hochsinnig zurück und hieß seinen Freund durch einen unterirdischen Gang entfliehen. »Meine Burg wird fallen«, sprach er zu ihm, »und ich will unter ihren Trümmern begraben sein; dich aber wird man wie einen gemeinen Dieb an den nächsten Galgen hängen und sodann verscharren wie einen Hund.« Das ließ den Haußner verzagen – und er entschloss sich, zu fliehen. Als er aber nach seiner Flucht durch den heimlichen Gang aus dem Gebüsch heraustrat, worin dieser endete, da stand er plötzlich einem Gewappneten gegenüber. Der war niemand anderes als sein Widersacher Otto von Kreßling, der städtische Junker, dem sich damals zum Leidwesen des Hegauers die schöne Kaufbeurenerin versprochen hatte. Stephan Haußner war maßlos überrascht und suchte schleunigst, in eine nahe Kapelle zu entkommen; jedoch der Junker folgte ihm bis zu dem geweihten Ort und stieß ihm vor dem Altar das Schwert in der Brust.

Nochmals bot nun der edelmütige Frundsberg dem Friedinger Schonung, wenn er die Burg übergebe. Der jedoch gab zur Antwort, er bitte nur um Schonung seiner Leute, er selber wolle mit seiner Feste zugrunde gehen. Darin willigte Frundsberg ein mit dem Versprechen, jeden ungekränkt abziehen zu lassen, der die Waffen niederlege. Da verließen alle die Burg bis auf sieben Knechte, die sich von dem Friedinger nicht trennen mochten.

Sie alle kamen beim letzten Sturm um ihr Leben, samt dem tapferen Friedinger, der von Gebälk und Steinen verschüttet wurde. Frundsberg selbst deckte die Fahne über den toten Helden und ließ ihn mit allen Ehren bestatten.

Die geraubten Stadtschlüssel

Zu Krauchenwies saß vorzeiten Hans Sürg von Sürgenstein, ein halb verrückter und tollkühner Ritter, der seinen Verwandten großen Ärger machte durch seine verwegenen Streiche. Um ihn der besseren Überwachung wegen zu verwahren, lud ihn sein Schwager, Ritter Wolf von Homburg, eines Tages nach Radolfzell, allwo er zu ihrer beider Kurzweil einige Tage sein Gast sein solle. Darauf ging der allzeit gesellige Hans Sürg ahnungslos ein und zog am festgesetzten Tag mit seinen Knechten nach besagter Stadt. Wie ihm aber gleich bei seiner Ankunft hinterbracht wurde, dass ihn sein Schwager mit jener Einladung in eine Falle locken wolle, da ließ der Sürgensteiner in aller Stille satteln und ritt, bis an die Zähne bewaffnet, mit seinem ganzen Gefolge vor das Rathaus, worin gerade viele Edelleute versammelt waren. Hier schoss er etliche Male in die Ratsstube hinein und sprengte sodann mit seinem Häuflein schnurgerade dem oberen Stadttor zu. Da er nun aber beide Torflügel verriegelt fand, sprang er geschwind vom Pferde, stürzte sich auf den Pförtner und entriss ihm gewaltsam die Schlüssel. Die schlug er dem verdutzten Torhüter ein paarmal tüchtig um die Ohren, schloss das Tor auf und ritt lustig zum Städtlein hinaus, als ob nichts geschehen wäre.

Unterdessen hatten die Büchsenschüsse die edlen Herren im Rathaus dermaßen in Erregung gebracht, dass sie samt der Bürgerschaft eilends auf dem Marktplatz zusammenliefen. Keiner von ihnen jedoch hatte den Mut, dem schlagfertigen Abenteurer nachzujagen, zumal jener seinen Zug anhalten ließ und den zagenden Verfolgern herausfordernd entgegenblickte. Nur der Torwächter, dem als schmerzender Denkzettel des Sürgensteiners Maulschellen anhingen, lief ihm nach und bat ihn flehentlich, einen braven Bürger so nicht länger zu misshandeln und ihm gütigst die Stadtschlüssel zurückzugeben, was der Sürgensteiner, der mit dem alten Mann jetzt auch Mitleid hatte, denn auch tat. Indes war jenes Vorkommnis dem Schwager, Wolf von Homburg, dessen Name zu Radolfzell in hohen Ehren stand, peinlich genug. Auch wollen die Radolfzeller seit jenem Schimpf, den Hans Sürg von Sürgenstein ihrer Stadt angetan, nie wieder an die Stadtschlüssel erinnert werden.

Der sterbliche Poltergeist

Ein Graf von Montfort, so erzählt die Sage, soll dem Kloster Salem große Schenkungen gemacht haben unter der Bedingung, dass es jeden durchreisenden Ritter und Edelmann eine Nacht unentgeltlich beherberge. Diese Regelung wurde später so sehr in Anspruch genommen, dass der Abt zu einer List greifen musste, um so viel Reisende wie möglich abzuschrecken. Er ordnete deshalb an, dass ein als Teufel verkleideter Mönch die Übernachtenden durch ein geisterhaftes Gepolter beunruhigen solle, damit sich unter den Edelleuten das Gerücht bilde, im Salemer Kloster sei es nicht ganz geheuer.

Nun fügte es sich, dass einmal ein Graf von Montfort, den umlaufenden Gerüchten zum Trotz, von dem Recht des Übernachtens Gebrauch machte. Als er mitten im tiefsten Schlaf über seinem Bett ein ungewöhnliches Poltern vernahm, griff er kurzerhand nach seinem Degen und stach durch jene Stelle der Zimmerdecke, über der er den Poltergeist vermutete. Dabei stieß er so mächtig hinauf, dass er den im darüberliegenden Zimmer geisternden Mönch, der den Lärm verursachte, mitten ins Herz traf. Seit dieser Zeit hat im Kloster Salem das nächtliche Gepolter aufgehört.

Das heimliche Gericht

An der Straße von Überlingen nach Lippertsreute zweigt kurz vor letztgenanntem Ort in Richtung Salem ein Weg ab, welcher zunächst zu dem nahen Weiler Baufnang führt. In dem von beiden Straßen gebildeten Winkel, abseits von Baufnang, lag ehedem das einsame Wohnhaus des Scharfrichters; der Richtplatz mit Galgen aber war etwa eine Viertelstunde südöstlich beim jetzigen Bauerngut Berghof. Längst ist das Haus des Scharfrichters abgebrochen, stattdessen ward von den Nachkommen ein Wirtshaus näher an die Landstraße gebaut, welches zur Erinnerung an das Gewerbe der Urahnen das Schild »zum Schwert« führt. Hier wurde lange Zeit das Richtschwert aufbewahrt und dasselbe erst später von einem Antiquitätenhändler angekauft, welcher es außer Landes brachte.

Einst wohnte noch im alten Hause der Scharfrichter Fidel Krieger, welcher streng und gewissenhaft seines schaurigen Amtes waltete. Nachts ward er einmal mit der Aufforderung geweckt, »sein Schwert zu nehmen und mitzukommen«. Mit verbundenen Augen ward er in eine Chaise gesetzt, die mit ihm fortfuhr, er wusste nicht, wohin. Als nach geraumer Zeit die Chaise anhielt, man ihn ein paar Schritte führte und ihm die Binde abnahm, befand er sich in einem großen Gemach, in dem eine Anzahl Geistlicher versammelt war. Hier wurde ihm nun der Befehl gegeben, mehrere Todesurteile zu vollstrecken. Alsdann führte man Krieger wieder mit verbundenen Augen in einen langen Gang, dessen Ende von einer schweren Steinplatte verschlossen war. Nach Lösung der Binde wurde die Platte geöffnet und der Scharfrichter kam in ein unterirdisches Gewölbe, vor ihm standen die zum Tode verurteilten zwölf Mönche. Nun vollzog er mit dem Richtschwert an diesen allen das Todesurteil. Den letzten Streich konnte er kaum vollenden, denn der dem Tode Geweihte nahm, die Hände zum Gebet gefaltet, sein Geschick mit solcher Sanftmut und Ergebung hin, dass der Scharfrichter von tiefstem Mitleid ergriffen wurde. Auf gleiche Weise, wie Krieger gekommen, ward er wieder heimgebracht, ohne dass ihm jedoch gesagt wurde, wer die Hingerichteten waren und was sie mit dem Tode gesühnt.

Auch später konnte er nie Näheres erfahren; nach seinem Dafürhalten aber geschah die Verkündigung des Todesurteils im Kloster Salem und die Hinrichtung in einem der unterirdischen Gänge, deren es von Salem bis gegen Heiligenberg und andererseits bis an den Heidenlocher Weiher verschiedene gibt. Auch in Baufnang und Umgegend glaubte man das. Nach einer anderen Mitteilung waren die Verurteilten nicht zwölf Klostergeistliche, sondern hundert rebellische Bauern, welche tags zuvor gefangen genommen und ins Kloster geschleppt, zum Tode verurteilt und in einem unterirdischen Gang enthauptet wurden. Nur dem Hundertsten wurde das Leben geschenkt.

Der ehrsüchtige Zunftmeister

Ein Zunftmeister von Buchhorn kam einst in die Trinkstube der Konstanzer Metzger, wo er seines geringen Ansehens und seiner Kleidung wegen sehr verachtet und an den hintersten Tisch gewiesen wurde. Das schmerzte den Buchhorner sehr, zumal er gar zu gerne seinem Amte und seiner Würde entsprechend geehrt worden wäre, jedoch diese Ehre nicht wie ein Unverständiger fordern wollte. So setzte er sich denn zum Beweis seiner Bescheidenheit an den niedrigsten Platz und blickte, ohne ein Auge abzuwenden, immerdar auf den Zunftmeister der Metzger. Was der redete und tat, merkte er sich mit großem Fleiß, tat auch in seinen Gebärden, als ob er höchstes Wohlgefallen daran fände.

Dem Konstanzer Zunftmeister entging dieses merkwürdige Benehmen nicht; er ließ darum den Fremden fragen, warum er sich also gebärde.

Da antwortete ihm der von Buchhorn: »Weil Eure Zunftbrüder Euch so große Ehr, Gehorsam und Huldigung bezeugen, gleich wie die meinen mir daheim. Also ist es mir eine Freude, dass auch noch andere Leute – gleich wie ich in Buchhorn – in Ehren stehen und billig geachtet werden.«

»Oh, Ihr seid der Zunftmeister von Buchhorn?«, sprach drauf der Konstanzer. »Einem solchen Mann gebührt natürlich nicht, untenan zu bleiben!« Nun musste also der Buchhorner sich oben an den Tisch setzen – und seine Ehre war gerettet.

Die alte Stadt Buchhorn wurde 1811 zusammen mit Dorf und Kloster Hofen von König Friedrich I. von Württemberg in Friedrichshafen umbenannt. Daher haben wir bei den Sagen, in denen der Ort erwähnt wird, die ursprüngliche Bezeichnung belassen.

Der Gallenbrunnen

Auf seiner Wanderung durch den Arboner Forst kam der heilige Gallus auch zu einer Quelle. Er labte sich an ihr und segnete sie dafür. Die Quelle wird deshalb Gallenbrunnen genannt. Sie ist nahe bei Mörschwil. Heute noch schöpft man hier mit Vorliebe das Trinkwasser.

Der Prälat im feurigen Wagen

Von einem Prälaten auf Kirchberg hörte man erzählen, er habe die Leute bis aufs Blut gequält und müsse deswegen umgehen. Bisweilen habe man ihn des Nachts in einem feurigen Wagen ausfahren sehen. Desgleichen soll manchmal der Geist des Salemer Abtes Anselm in sechsspännigem Zug von seinem Kloster im Salemertal nach Kirchberg gefahren sein.

Der Konradsbrunnen

Als die Ungarn im Jahre 907 den Markgraf Luitpold von Bayern aus seinem Lande verjagten, war die Bestürzung unter den anderen Fürsten so groß, dass viele in die rätischen Berge flohen. Damals fanden Heinrich von Altdorf und sein Sohn Konrad, der nachmalige Bischof von Konstanz, Zuflucht auf dem Felsenschloss von Hohenems. In Erinnerung an diese Begebenheit, so erzählt die Sage, habe der tiefe Brunnen des Schlosses seinen Namen erhalten. Der Konradsbrunnen soll die Eigenschaft gehabt haben, dass jeder Unrat, den man hineinwarf, den Quell auf mehrere Tage versiegen machte.

Woher die Gangfische ihren Namen haben

Der Sage nach sollen die Gangfische, eine wohlschmeckende Felchenart, ihren Namen von Bischof Gebhard II. von Konstanz erhalten haben. Als derselbe einmal nach dem Kloster Petershausen fuhr, das er gestiftet hatte, wurde sein Schiff von so vielen kleinen Fischen umgeben, dass es kaum durchkommen konnte. Der heilige Mann aber hatte Eile, denn es war schon Abend und er wollte bald wieder nach Konstanz zurück. Um seine Fahrt zu beschleunigen, rief er vom Schiff aus den Fischen zu: »Gang Fisch!«, und plötzlich waren alle verschwunden.

Gastfreundschaft

Der Abt des Klosters Reichenau gab seinen Mönchen eine beherzigenswerte Unterweisung in der Tugend der Gastfreundschaft. Dazu schrieb er in sorgfältigen Lettern folgende Worte auf: Ihr sollt gegen jedweden Gast freundlich und hilfsbereit sein. Sollte der Gast jedoch länger als drei Tage verweilen, so könnt ihr mit der Freundlichkeit langsam nachlassen ...

Der verzauberte Wald

Im Hochwald zwischen Heiligenberg und Rickertsweiler haust von alters her ein Geist, den man das »Bodemännle« nennt. Es erscheint häufig wie ein Ritter zu Pferd und verzaubert den Wald, sodass die Bäume umherwandeln. Dann verschwindet es wieder. Die Leute, die gerade durch den Wald gehen, werden durch das Wandeln der Bäume so verwirrt, dass sie nicht mehr aus dem Walde herausfinden. Erst wenn die Abendglocke ertönt, hört der Spuk auf.

Der wiedergefundene Domschatz

Als die Stadt Konstanz den zwinglianischen Glauben annahm, wurden alle Kleinodien und Kirchengeräte in einer Truhe verwahrt und an einem geheimen Ort im Kreuzgang vergraben. Dort blieb er so an die zwanzig Jahre und niemand wusste mehr etwas davon. Nun lebte aber noch ein Domherr, Herr Melcher von Bubenhofen, dem ist in einer Nacht im Traum jene Stelle im Kreuzgang, an der die Heiligtümer verborgen lagen, ganz deutlich erschienen. Er erzählte davon im Kapitel und setzte durch, dass danach gegraben wurde. Man fand auch wirklich die Truhe mit dem Domschatz wieder.

Das vermauerte Zwingtor

Von den Toren, die Meersburg ehedem besaß, hieß eines das Zwingtor. Es stand oberhalb der Pfarrkirche und durfte von niemandem außer dem Bischof durchschritten werden. Spätere Jahrhunderte kannten das Tor nur noch zugemauert, was folgende Sage entstehen ließ.

Als einmal ein fremder Ritter nach Meersburg kam und durch das Zwingtor in die Stadt einreiten wollte, trat ihm ein Bürger in den Weg und gab dem Rittersmann zu verstehen, dass hier nur der Bischof hindurchgehen dürfe. Darob entspann sich zwischen den beiden ein heftiger Kampf, wobei der Bürger von dem Ritter erschlagen wurde. Diese Freveltat rief bei den Meersburgern großen Tumult hervor, sie griffen zu den Waffen und eilten dem Fremden nach. Der aber flüchtete ins alte Schloss und stellte sich dort unter den Schutz des Bischofs, der sogleich die Tore hinter ihm verrammeln ließ. Voller Empörung verlangten die Bürger, den Flüchtling auszuliefern, doch der Bischof, der das heilige Gastrecht nicht verletzen wollte, schlug diese Forderung ab. Da stürmten die Leute das Schloss und nahmen es ein, fanden aber weder den Bischof noch den Rittersmann. Die beiden waren nämlich durch einen geheimen Gang an den See geflüchtet und hatten sich eilends nach Arbon hinüberschiffen lassen, von wo aus der Bischof die Stadt Meersburg in Acht und Bann erklärte. Nach diesem Vorfall wurde das Zwingtor zugemauert und die Stadt vieler Sonderrechte beraubt.

Das abenteuerliche Weinfass

Im Kloster Sankt Gallen war einmal die Weinlese so mager ausgefallen, dass die Mönche ein trübseliges Jahr vor sich sahen. Nur noch ein kleiner Vorrat an zwei oder drei Fässchen war vorhanden, streng gehütet und verwahrt für die allernotwendigsten Gelegenheiten. Man kann nicht sagen, dass die Stimmung heiter gewesen wäre.

Da hörte der Abt im Kloster Reichenau von diesem betrüblichen Zustand in Sankt Gallen und er beschloss edelmütig, den Brüdern in Sankt Gallen ein großes Fass mit dem besten Wein zuschicken zu lassen.

Das Fuhrwerk mit dem kostbaren Rebensaft war schon eine gute Weile auf dem Weg, der streckenweise außerordentlich holprig war. Der Kutscher, seines gewichtigen Auftrages wohl bewusst, hielt die Zügel mit Bedacht in der Hand, doch bei einer engen Kehre lockerte sich die Fracht dergestalt, dass das Fass in den Fluss fiel. Der verzweifelte Mann schickte in aller Eile einen Boten nach Sankt Gallen, um den Vorfall zu melden. Da brachen die Mönche mit Stangen, Seilen und Netzen auf und eilten an den Unglücksort, obschon keine große Hoffnung vorhanden war, das Fass noch aus dem Wasser fischen zu können. Doch was sahen sie? An genau jener Stelle, an der das Weinfass ins Wasser gefallen war, drehte und wirbelte ein kräftiger Strudel und das Fass wogte und tanzte im Kreis herum. Die Mönche warfen Netze und Seile aus und holten mit vereinten Kräften mit den Stangen endlich das Fass an Land. War das eine Freude! Sie luden den kostbaren Schatz erneut auf den Wagen und begleiteten ihn unter Dankgebeten und Lobgesängen nach Sankt Gallen. Dort hielten sie mit dem Weinfass feierlich Einzug, dankten und priesen Gott für seine gütige Vorsehung, brachten die köstliche Last in den Weinkeller und genehmigten sich, nach Anweisung ihres gütigen Abtes, zur Feier des Tages in aller Bescheidenheit einen Schluck vom letztjährigen, sparsam gehüteten Wein.

Das bessere Gebet

Von einem Einsiedel, der in den helvetischen Landen gewohnet (man weiß aber nicht in welchen Jahren), erzählte einst ein vornehmer gelehrter Mann, dass diesen der Weihbischof von Costnitz, dem heutigen Konstanz, besucht hat, um zu erfahren, was hinter ihm stecken möge. Da habe er eine pure Einfalt angetroffen, und als er den Einsiedel gefragt, was er bete, hätte er geantwortet, er bete nur ein kurzes lateinisches Gebet. Als nun der Weihbischof gefragt habe, wie es laute, hätte er geantwortet: »O Domine miserere Dei! O Domine miserere Dei!« Darauf habe der Bischof gesagt: »Du betest nicht recht, sondern musst sagen: ›O Domine miserere mei‹.«

Als er nun seinen Rückweg angetreten und über den Bodensee fuhr, sei der Einsiedel auf dem Wasser dem Schiff nachgeloffen, rufend und bittend, man solle ein wenig innehalten, er hätte das Gebet vergessen und wäre wieder auf die alte Redewendung gekommen. Als aber der Weihbischof das Wunder gesehen, hätte er das Kreuz über ihn gemacht und gesagt: »Gehe hin in Gottes Namen, du kannst besser beten als ich.« Darauf sei der Einsiedel wieder umgekehrt und habe sich zurück in seine Klause begeben.

Legende des heiligen Pirmin

Ein reicher Grundherr aus der Bodenseegegend namens Sintlaz lud den Missionar Pirmin zu sich an den Untersee ein und schenkte ihm eine Insel unterhalb von Konstanz, damit er auf ihr ein Kloster gründen könne. Pirmin wusste wohl, dass sein Vorhaben, die Verbreitung des Glaubens, nur dann Bestand haben würde, wenn er als Stütze viele Klöster gründen würde.

Die Insel schien für ein Kloster trefflich geeignet. Zwar warnten die Einheimischen den Bischof davor, das Eiland zu betreten, wimmelte es dort doch von giftigen Schlangen und gräulichem Gewürm, sodass bisher niemand gewagt hatte, sich darauf niederzulassen. Doch Pirmin ließ sich davon nicht abschrecken. Im Vertrauen auf den Herrn, der seinen Glaubensboten die Macht gab, den Fuß auf Skorpione und alles teuflische Gewürm zu setzen, stieg er entschlossen in einen Fischerkahn, der ihn alsbald zu der berüchtigten Insel brachte.

»Als nun der Diener Gottes Pirmin«, so berichtet der Chronist, »die Insel betrat, geschah es auf Gottes Wink, dass all jenes vielgestaltige, absonderliche und schreckhafte Gewürm von der einen Seite der Insel nach der andern hinüberkroch und sich in die Wellen stürzte. Noch drei Tage und drei Nächte lang war die ganze Seeoberfläche von einer erstaunlichen Unzahl wilden Schlangengezüchts bedeckt. Dann ließ Pirmin die Dornen und das Unkraut, das nutzlose Buschwerk und Gesträuch abhauen, rodete mit eigener Hand und mit Hilfe anderer die Insel aus und verwandelte sie in ein liebliches Gefilde. Darauf baute er dem lebendigen und wahren Gott ein schönes Kirchlein und daneben für sich und seine Jünger ein trautes Klösterlein. Seitdem der Diener Gottes Pirmin jenen Ort betreten hatte, ward die Luft dort gesund, das Wasser trinkbar und der Boden fruchtbar.«

So wurde das wilde Eiland zur »reichen Gottes-Au«, zur Insel Reichenau.

Die Geschichte des heiligen Pirmin ist verschiedentlich dargestellt worden: Ein Gemälde im Münster von Mittelzell auf der Insel Reichenau aus dem Jahre 1627 zeigt den heiligen Pirmin segnend über den See fahren, vor ihm ergreifen hässliche Schlangen und allerlei Gewürm, Frösche und dergleichen eiligst die Flucht.

Auf einem Kupferstich von 1615 sieht man den Bischof, wie er dem Landesfürsten den neuen Klosterbau weist, während tote Schlangen zu seinen Füßen liegen. Darunter steht das Sprüchlein:

> *Kaum hast am See du angeländet,*
> *hat die vergiffte Schlangen Zucht,*
> *Die lang das ganze Land geschändet,*
> *genommen übern See die Flucht.*
> *Du fangst fein an bey kleinen Würmen,*
> *du wirst gewiss wöllen bald darauf*
> *Den großen Drachen selber stürmen,*
> *Drum baust so vil Gottshäuser auf.*

Der Geist des Abtes

Markus von Knöringen, der letzte Abt der Reichenau, war ein großer und dicker Mann. Von ihm wird erzählt, er habe sich auf Anraten der Wundärzte und Gelehrten etliche Pfund Fett aus dem Leibe schneiden lassen, damit er leichter würde. Im Jahre 1540 starb der Abt in Radolfzell. Da er auf der Reichenau gar übel gehaust hatte, musste er nach seinem Tode als Geist umgehen, in Sonderheit im Hause seines Schwagers Burkhart von Dankensweiler in Radolfzell. Dort sahen die Wächter eines Nachts um zwei Uhr eine schwarze Gestalt zur Türe hineingehen, meinten aber, es sei ein Geselle, der im Hause wohne. Gleich darauf hat sich drinnen der Geist hören lassen, warf Stühle und Bänke über den Haufen und vollführte einen Lärm, als ob Diebe oder Mörder im Hause wären. Und wiewohl der Geist immerzu mit seinem Gepolter fortfuhr, hat man doch niemand finden können.

Dieses Unwesen hat er des Nachts und auch bei hellem Tage ohne Unterlass getrieben und dem Gesinde solche Unruhe und Plage zugefügt, dass Burkhart den Geist eines Tages beschwören ließ. Da kam er zuerst in Gestalt eines brüllenden Ochsen, dann wieder anders und zum dritten Male in der Kutte eines Reichenauer Mönches, also dass ihn sein Schwager nunmehr erkannte. Vom Beschwörer nach der Ursache seiner Ruhelosigkeit befragt und auch danach, womit ihm zu helfen sei, antwortete der Geist: Er könne keine Ruhe finden, weil er zu Lebzeiten im Kloster untreu gehaust, etliche Höfe und Güter verkauft, das Geld unterschlagen und es an seine Freunde und Verwandten ausgeteilt habe. Wenn jedoch das dem Gotteshaus entwendete Gut und Geld wieder zurückerstattet, auch etliche Messen gelesen und an die Armen gedacht würde, hoffe er, mit der Gnade

Gottes seine Ruhe zu finden. Man solle ihn aber nicht aus dem Hause vertreiben, weil er sonst von den bösen Geistern übel gepeinigt und geplagt werde. Vielmehr solle man ihm im Hause ein kleines Gemach einrichten, wo er ungestört bleiben könne.

Burkhart von Dankensweiler war dem Geiste zu Willen: Er ließ ihn in ein kleines Zimmer beschwören, ließ Messen für ihn lesen und den Armen barmherzige Gaben reichen. Hernach ist im Hause eine Zeit lang Ruhe gewesen. Da aber der Geist nach wenigen Jahren wieder allerhand Tücken verübte, wurde er ein zweites Mal beschworen. Dieses Mal wurde er aus dem Hause in eine Wildnis vertrieben, in welche weder Vieh noch Leute kommen konnten.

Eppo von Nellenburg

Graf Eppo, so meldet die Sage, war ein grimmiger Löwe und Feind der Kirche, seine Gemahlin dagegen sanft wie eine Taube, mildtätig und gottesfürchtig. Jede Nacht erhob sie sich von der Seite ihres Herrn und las zur Mette in einem Psalter, verrichtete auch andere gute Gebete und ging dann wieder zu ihrem Herrn zurück. Darüber längst erbost, empfing Eppo seine Gemahlin danach immer mit Schmähungen; aber er vermochte sie nicht von dieser frommen Gewohnheit abzubringen. Da ergriff er einmal, während sie in tiefem Schlafe lag, den verhassten Psalter, ging damit in die Küche und warf ihn in die heiße Glut des Herdes. Dann legte er sich heimlich und gar fröhlich wieder nieder, in der Meinung, er habe sich an seiner Frau gerächt. Doch siehe da! In der Frühe, als die Köche das Feuer anfachen wollten, fanden sie den Psalter völlig unversehrt in der Glut liegen, als wäre er in ein seidenes Tüchlein gewickelt. Wie Eppo dieses Zeichen wahrnahm, erschrak er sehr und war von diesem Tag an wie umgewandelt. Er wetteiferte mit seiner Gemahlin in den Werken der Frömmigkeit und wurde dafür mit einem gesunden und wohlgebildeten Erben belohnt.

So hat sich an ihm das Wort Salomos erfüllt, das da lautet: Es wird ein untugendhafter, unseliger und ungläubiger Mann tugendhaft, selig und gläubig durch ein tugendhaftes, seliges und gläubiges Weib.

Graf Gero von Montfort

Einmal, da ein heiterer Sommertag über den See glänzte, kam den alten Grafen von Montfort plötzlich die Lust an, nach der Stadt Pfullendorf zu reisen. Er nahm seine Gattin, obwohl diese gesegneten Leibes war, und fuhr mit ihr den Bodensee herab nach dem Eichhorn, einer unweit Konstanz in den See vorspringenden Landzunge, die einstens mit allen Gerechtsamen dem Kloster Petershausen gehört hatte. Wie sie nun an selbigem Orte ankamen, wurde der Gräfin sogleich wehe, und da man in der Eile nicht mehr an Land setzen konnte, gebar sie im Schiff nach dem Willen Gottes einen Sohn, der auf den Namen Gero getauft wurde. Unter der frommen Erziehung seiner Mutter wuchs er sehr bald zu einem gottesfürchtigen Manne heran.

Ungewöhnlich wie die Geburt des Grafen Gero war auch sein Sterben. Als er nämlich nach einem in der Stille von Schloss Montfort verbrachten Leben sein Alter nahen fühlte und darum erachten musste, dass die Tage gezählt seien, die er noch zu leben habe, da beschloss er, der Welt und ihrem Anhang für im-

mer zu entsagen und hinfür Gott allein zu dienen. Weil er ohne Leibeserben war, übergab er alle seine liegenden und fahrenden Güter seinen nächsten Freunden und Blutsverwandten, schickte etliche seiner vertrautesten Diener zum Abte Dietrich von Petershausen und ließ diesem eröffnen, dass er ins Kloster eintreten wolle. Der Abt, eingedenk der frommen Werke, deren sich der Graf zeitlebens befleißigt hatte, begab sich darauf unverzüglich nach Schloss Montfort, um den vornehmen Gast abzuholen. Er begleitete ihn zu seinem Schiff und segelte mit ihm dem Konstanzer Hafen zu.

Indessen sollte es dem Grafen nicht mehr vergönnt sein, im Petershauser Kloster den sanften Frieden des Alters zu genießen, denn als das Fahrzeug bei gutem Wind das Eichhorn erreicht hatte, allwo Gero vor vielen Jahren geboren worden war, da verschied er unter dem tröstlichen Beistand des Abtes in dessen Armen. Und so wie er kurz vor seinem Tode begehrt hatte, man möge im Kloster zu Petershausen ihm einen Ruheplatz gewähren, da er sich für die andere Welt rüsten wolle, so geschah es auch, dass man ihn dort begrub.

Überraschende Hochzeit zu Bodman

Nachdem Simon von Bodman (von dem der Gelehrte Benediktiner Buzelin in seinen Forschungen viel zu erzählen weiß, als einem lieben Klosterbruder) verschiedene Länder und Fürstenhöfe bereist und besucht hatte und zu hohen Ehren gekommen war, fiel es ihm auf einmal ein, der Welt zu entsagen.

Unter dem Vorwand, er wolle mit einem Fräulein aus einer edlen Familie Hochzeit halten, lud er eines Tages seine Freunde und Verwandten auf Schloss Bodman. Doch wie groß war ihr Erstaunen, als Simon im priesterlichen Ornate vor die Versammlung trat und aufs Feierlichste in der Burgkapelle seine Primiz hielt. Bei dem prächtigen Mahle, das er gab, offenbarte er den Gästen seinen festen Entschluss, von der Welt auf immer Abschied zu nehmen. Er sagte ihnen Lebewohl, welches mit vielen Tränen erwidert wurde.

Sogleich am andern Tag verließ Simon seiner Väter Burg und begab sich in Begleitung von wenigen in die Benediktinerabtei Weingarten, wo er sich schon vorher insgeheim hatte einschreiben lassen. Dort tat er als Novize die niedrigsten Dienste und zeichnete sich bis an sein Lebensende durch die tiefste Demut und höchste Andacht aus. Im Kloster Sankt Johann zu Feldkirch, wohin er aus Weingarten gekommen war, liegt er in der Sankt-Laurentius-Kapelle begraben.

Der letzte Herr von Steinach

Wenn man von Arbon längs des Bodensees gegen Rorschach hinaufreist, erblickt man rechts auf dem Rande des Bergrückens, der sich gegen den See abdacht, eine gute halbe Stunde oberhalb von Steinach, einen grauen Turm mit einem breiten Überbau, der wie ein Riesenhut auf dem weiten Mauerstocke sitzt. Es ist dies die Burg Steinach.

Der letzte Herr von Steinach lebte als rauer, gefühlloser Herrscher einsam auf seiner Burg. Die Untertanen erschraken, wenn er aus seiner Festung trat; denn ohne Erbarmen züchtigte er die, welche ihm nicht gefielen oder seinen Befehlen ungehorsam waren, aufs Härteste. Sein Herz verschloss sich vollends, als eine bittere Fehde zwischen ihm und dem Herrn von Wartensee ausbrach. Mit kaltem Blute verbrannte er die Dörfer und Höfe, erschlug er die Leibeigenen und Knechte seines Feindes und ihre Weiber und Kinder. Der Herr von Wartensee suchte umsonst seinem Gegner beizukommen. Bei Tage war derselbe immer wohlbewehrt, wenn er auf die Jagd ritt, und in der Nacht zog er die Fallbrücke auf, schob er gewaltige Riegel vor das Burgtor und wachten blutgierige Hunde hinter den Mauern. Ein Mädchen endlich, das bei dem Herrn von Steinach in Diensten war, wurde von dem Herrn von Wartensee gewonnen, dass es, wenn sein Herr zur Mahlzeit an jenes Fenster sitze, das gegen Wartensee hinaufschaue, ein weißes Tuch hinaushänge. Es geschah; und sogleich flog ein Pfeil durch das Fenster und durchbohrte Rücken und Brust des Zwingherrn mit solcher Gewalt, dass die Spitze im Tische stecken blieb. Den Blutfleck auf dem Fußboden vermochte kein Wasser auszulöschen.

Das Grab des Hunnenkönigs

Im Überlinger Wald Sigmundshau steht in der Nähe des uralten Hofes Höllwangen ein kegelförmiger Berg, der von einem Erdwall umgeben ist. Wenn man auf dem Gipfel des Berges steht, tönt es im Berginnern, als ob der ganze Berg hohl wäre. In diesem Berg liegt das Grab des Hunnenkönigs. Der Leichnam ruht in einem Diamantsarg, der wieder von einem goldenen Sarg umgeben ist; der goldene Sarg aber befindet sich in einem silbernen Sarg, der silberne in einem kupfernen, dieser in einem zinnernen; dann folgt ein eiserner und zuletzt ein eichener Sarg. So ist die Leiche des Königs in sieben Särgen verwahrt. Niemand aber kann die rechte Stelle finden, obgleich schon da und dort nachgegraben wurde.

Dagobert im Schiff

Als der gute König Dagobert, dem das Volk die Erbauung der alten Meersburg zuschreibt, aus dieser Welt geschieden war, ließ es Gott der Herr geschehen, weil der König sich nicht von allen Sünden gereinigt hatte, dass die Teufel seine Seele fassten, auf ein Schiff setzten und mit sich fortführen wollten. Aber der heilige Dionysius vergaß seinen guten Freund nicht, sondern bat unseren Herrn um die Erlaubnis, der Seele zu Hilfe zu kommen, was ihm auch gestattet wurde.

Sankt Dionysius nahm aber mit sich Sankt Mauritius und andere Freunde, die König Dagobert zu seinen Lebzeiten vorzüglich geehrt und gefeiert hatte; auch folgten ihnen Engel nach und geleiteten sie bis ins Meer. Da sie nun zu den Teufeln kamen, huben sie an, mit diesen zu fechten; die Teufel aber hatten wenig Gewalt gegen die Heiligen, wurden besiegt und hier und da aus dem Schiff ins Meer gestoßen. Die Engel nahmen darauf Dagoberts Seele in Empfang, und der Heilige nebst seinem Gefolge kehrte ins Paradies zurück.

Kaiser Karl der Dicke

Auf dem Schlosse Bodman lebte Kaiser Karl der Dicke, nachdem er im Jahre 881 sehr kränklich aus Italien nach Deutschland zurückgekehrt war. Seine Krankheit bestand in einem anhaltenden Kopfschmerz, dem man durch eine Operation abzuhelfen suchte. Aber der unglückliche Monarch verlor darüber seine letzte Geisteskraft.

In diesem Zustand unternahm er einen Zug gegen die einbrechenden Normannen, durch dessen Misslingen er die Achtung der Nation verlor, sodass bald eine neue Königswahl anstand. Kaum noch erlangte Karl, der Erbe aller Macht seines großen Ahnen, zu seinem Lebensunterhalt von den Fürsten einige Höfe in Schwaben, darunter auch Neidingen. So wandelbar ist alle irdische Größe.

Die Mönche haben an diesem königlichen Märtyrer gerühmt, dass er sie besonders geachtet, fleißig ihre Gebete verrichtet und ihre Psalmen gesungen, dass er reichliches Almosen gespendet und stets auf die Gnade des Herrn gebaut habe. Die Mönche waren auch seine einzigen Freunde im Unglück. Als er gestorben war, brachte man seinen Leichnam nach der Reichenau, wo er im Münster, neben dem Altar der heiligen Maria, feierlich beigesetzt wurde.

Der Chronist Buccelinus schreibt dazu, dass Karls Leichnam von Neidingen bis zur Reichenau von vom Himmel herabgeschwebten Lichtern begleitet worden sei.

Die Ungarn in Sankt Gallen

Die Ungarn fielen, als sie von der Schwäche und dem Ungemach des Deutschen Reiches erfahren hatten, wütend in Bayern ein und drangen verwüstend nach Alemannien vor. Der Abt Engelbert von Sankt Gallen war mit allen Kräften bemüht, das Kloster zu schützen. Er hieß die stärkeren der Brüder die Waffen ergreifen und zog selbst daher wie ein Riese des Herrn, mit einem Panzer angetan, über dem Kutte und Stola hingen.

Die Ungarn kamen scharenweise und griffen die Städte und Siedlungen an. Unter den sankt-gallischen Mönchen befand sich ein sehr einfältiger und närrischer Bruder mit Namen Heribald, dessen Worte und Taten oft belacht wurden. Als die Übrigen flohen, blieb er zurück. Die köchertragenden Feinde drangen auch in das Kloster ein und fanden den unerschrockenen Heribald in der Mitte stehend. Sie fragten ihn aus, ließen ihn aber am Leben, als sie merkten, dass er ein ungeheurer Narr war. Vor allen Dingen erkundigten sie sich, wo der Schatz des Klosters sich befinde; aber in der Schatzkammer war nichts Goldenes mehr vorhanden. Zwei Ungarn stiegen auf den Kirchturm, um den Hahn zu stehlen, den sie aus Gold gemacht wähnten, in der Meinung, der so genannte Gott des Ortes könne nur aus einem edlen Metall gegossen sein. Beide stürzten ab, der eine, als er mit seinem Speer nach dem Hahn schlug, der andere, weil er sich auf den Rand des Turmdaches gesetzt hatte, um seinen Leib zu leeren. Die beiden toten Ungarn wurden von ihren Genossen zwischen den Pfosten der Türflügel verbrannt.

Im Keller waren zwei Fässer Wein zurückgeblieben, aber die Feinde öffneten sie nicht; denn Heribald rief, als einer von ihnen mit geschwungener Axt eines der Fassbänder aufhauen wollte: »Lass sein, guter Mann, was willst du, dass wir trinken sollen, wenn ihr wieder fortgegangen sein werdet!« So wurden die Fässer verschont. Später ließen sich die Feinde im Hofe des Klosters nieder und schmausten, und auch Heribald durfte sich sättigen und aß mehr als jemals sonst. Als sie sich durch den ungemischten Wein warm getrunken hatten, schrien sie in entsetzlicher Weise zu ihren Göttern. Einen gefangenen Priester nebst Heribald zwangen sie, das Gleiche zutun. Die beiden sangen ihr lateinisches Lied und erregten damit solches Aufsehen, dass die Ungarn bei dem ungewohnten Gesange zusammenströmten und dann anfingen, dazu zu tanzen.

Endlich zogen die Feinde wieder ab und die geflüchteten Brüder kamen nach und nach zurück. Der gefangene Priester und Heribald hatten sich beim Fortzuge der Ungarn entfernt und hielten sich verborgen. Der Abt Engelbert wunderte sich darüber, dass die Weingefäße unbeschädigt geblieben waren, und erfuhr von dem endlich anlangenden Heribald den Grund. Als sie ihn fragten, wie ihm die zahlreichen Gäste des heiligen Gallus gefallen hätten, berichtete dieser: »Ei, zum Besten! Niemals erinnere ich mich, glaubt mir, fröhlichere Leute im Innern unseres Klosters gesehen zu haben, denn auch Speise und Trank schenkten sie sehr reichlich. Was ich vorher von unserem sehr zurückhaltenden Kellermeister kaum erbitten konnte, dass er mich wenigstens einmal, wenn mich dürstete, mit Getränk versehe, davon gaben mir diese, wenn ich bat, im Überfluss.«

Da sprach der Priester: »Und wenn du nicht trinken wolltest, zwangen sie dich durch Ohrfeigen.«

»Das kann ich nicht in Abrede stellen«, antwortete Heribald, »denn das eine missfiel mir sehr, dass sie nämlich so ohne Zucht waren. Sie schlugen mir schwere Streiche auf den Hals, doch machten sie gleich durch Darbringung von Wein wieder gut, was sie an mir verfehlt hatten, was von euch gewiss niemand getan hätte.«

Der Poppele auf Hohenkrähen

Auf der zerstörten Burg Hohenkrähen, nahe bei Hohentwiel, geht ein Geist um, der den Leuten auf dem Bruderhof sehr nützlich ist und alles, was sie ihm auftragen, tut. Er bringt Wasser und Holz in die Küche, wirft Stroh und Heu vom Boden, füttert das Vieh, putzt die Pferde und wendet den Dreschern die Garben um. Bei jedem Auftrag aber muss man stets bemerken: »It ze litzel und it ze viel!«, also: nicht zu wenig und nicht zu viel. Sonst macht er Dummheiten und wirft zum Beispiel alles Heu vom Boden herunter oder schleppt den ganzen Holzvorrat in die Küche. Sagt man ihm dann, er soll es wieder forttragen, so tut er es auch.

Zum Lohn wegen seiner Dienste muss man aber auch für den Poppele mit decken, ihm einen besonderen Teller hinstellen und sagen: »Poppele, iss auch mit!« Unterlässt man das, so wirft er das Gedeck und alle Speisen durcheinander, bindet das Vieh im Stalle los und dergleichen. Ebenso muss man ihn einladen, wenn man ausfährt und muss sagen: »Poppele, fahr au mit!« Dann setzt er sich hinten auf das hervorstehende Wagenbrett und fährt mit ins Feld. Wird er nicht eingeladen, so passiert dem Fuhrwerk gewiss etwas. Ferner muss man, wann immer gebacken wird, dem ersten vorbeikommenden Bettler einen ganzen Brotlaib geben, sonst verschwindet das übrige Brot, und auch die Küche gerät in Unordnung. Wenn jemand einen dummen Streich macht, so sagt man zu ihm in der ganzen Gegend: »Du bist ein Kerle wie der Poppele!«

In dem unterirdischen Gewölbe zu Hohenkrähen soll sich ein goldenes Kegelspiel mit großen goldenen Kugeln befinden. Damit kegelt der Poppele in Gesellschaft vieler Ritter immer Sonntagnacht, um zwölf Uhr, sowie an jedem Sonntagmorgen während der Kirche.

Eines Sonntags sahen also zwei Handwerksburschen, während in der Kirche der Gottesdienst stattfand, den Poppele im Graben kegeln, er traf aber nichts. Da lud er die Burschen ein, mit ihm ein Spiel zu machen. Anfangs gewannen sie mehrere Gulden, dann aber verspielten sie nicht bloß alles, was sie gewonnen, sondern auch ihr Reisegeld bis auf den letzten Kreuzer. Traurig zogen sie von dannen. Als sie aber an einen Berg kamen, sah der eine, dass eine Kegelkugel auf seinem Ranzen lag, und er warf sie ärgerlich fort. Danach gingen sie weiter und kamen alsbald nach Mühlhausen. Da fand der andere, als er seinen Ranzen abnahm, einen Kegel darauf, der war von reinem Gold. Er wollte ihn sogleich verkaufen, aber im ganzen Ort war niemand, der den Kegel hätte bezahlen können. Einer jedoch ließ sich für zweitausend Gulden ein Stück absägen. Den Rest des Kegels verkaufte der Handwerksbursch für viele tausend Gulden in Schaffhausen. Der andere Bursche hat natürlich gleich die Kugel gesucht, die er weggeworfen hatte, er hat sie aber nicht mehr gefunden. Wenn man seit dieser Zeit den Poppele kegeln sah, so spielte er immer nur mit acht Kegeln und mit nur einer Kugel.

Einst diente auf dem Hohenkrähen eine Magd, die trank jedes Mal, wenn sie die Kühe molk, von der Milch und bekam sofort darauf von unsichtbaren Händen ein paar Ohrfeigen. So kündigte sie deshalb ihrer Herrschaft den Dienst auf. Als der Hausherr fragte, weshalb sie fortwolle, verriet sie ihm den eigentlichen Grund lange nicht, gestand aber endlich doch, dass sie sich nicht länger beim Melken schlagen lassen möge.

»Dann musst du irgendetwas getan haben, was nicht recht ist«, sagte der Herr, »sonst hättest du keine Schläge bekommen.« Nach langem Leugnen bekannte die Magd ihre Schuld. »So lass nur das Milch trinken«, sprach der Herr, »dann wird dir nichts mehr geschehen.« Dies tat sie denn auch und bekam somit auch keine Ohrfeigen mehr.

Als das Haus, in dem der Poppele sich damals gerade aufhielt, abgebrochen und das Holz an einen anderen Platz fortgeführt wurde, sprach der Herr unterwegs zu seinem Knecht: »Haben wir jetzt auch alles?«

»Nein«, antwortete dieser, »den Poppele haben wir nicht!«

Da rief aber eine Stimme vom Wagen herunter: »Oh ja, ich bin auch da!«

Der Poppele war einstmals Graf von Hohentwiel gewesen und hatte ein Lustschloss auf Hohenkrähen sowie auf Hohberg besessen. Er beneidete aber seinen älteren Bruder so sehr, dass er ihn um des Erbes willen mit einem Pfeil erschoss. Als der Poppele hierüber zur Verantwortung gezogen wurde, reinigte er sich durch einen falschen Eid und tat den Schwur, dass er geistweis gehen wolle, wenn er seinen Bruder umgebracht habe. Deshalb muss er nun bis auf den heutigen Tag geistweis umgehen.

Andere erzählen, dass der Poppele ein ungerechter, harter Vogt auf Hohenkrähen gewesen sei, der die Leute geplagt habe und deshalb nun umgehen muss. Er fährt mit vier Rappen und man sieht ihn besonders häufig, wenn ein Krieg bevorsteht.

Graf Ulrich und Wendelgard

Zu Buchhorn am Ufer des Bodensees, da, wo jetzt Friedrichshafen liegt, wohnte zur Zeit, als Burkhard Herzog in Schwaben war, Graf Ulrich V., ein Nachkomme Karls des Großen und Herr im Linzgau. Er war vermählt mit der schönen Wendelgard, einer Gräfin von Eberstein, Enkelin Heinrichs des Voglers. Da geschah es, dass die Ungarn Deutschland verheerten und auch Oberschwaben, wo Graf Ulrich begütert war, heimsuchten. Er zog deshalb mit vielen Edlen dem Feind entgegen, wurde aber ge-

fangen genommen und nach Ungarn geführt. Da er nicht heimkehrte und seine Gemahlin glauben musste, dass er in der
Schlacht gefallen sei, so begab sie sich nach Sankt Gallen und ließ
sich, weil sie nicht wieder heiraten mochte, in ein Nonnenkloster
aufnehmen. Dies geschah im Jahr 916, da sich eben auch die heilige Wiborada in ein Kloster eingeschlossen hatte. Dort nun diente
Wendelgard mit Fasten und Beten ihrem Gott, ging aber alle Jahr
nach Buchhorn, um das Gedächtnis ihres verlorenen Gemahls in
feierlicher Trauer zu begehen und die Armen zu beschenken.

Als sie im Jahr 919 in gleicher Absicht nach Buchhorn gegangen war und sehr viele Arme herbeikamen, um ein Almosen zu
empfangen, so war darunter in ganz zerlumpten Kleidern auch einer, der nicht bloß das Almosen von ihr empfing, sondern auch
ihre Hand heftig drückte und sie wider ihren Willen umarmte
und küsste. Die Umstehenden, welche dies nicht leiden konnten,
wollten ihr helfen und den frechen Bettler züchtigen; der aber begann zu rufen: »O lasst mich gehen! Ich habe genug Schläge und
Elend in der Gefangenschaft ausgestanden! Ich bin Ulrich, euer
Graf, welchen Gott aus sonderlicher Gnade von einem grausa-
men Volke errettet und euch wieder geschenket hat!« Alsbald
wurde er erkannt und von seiner treuen Gemahlin und allen andern willkommen geheißen und mit großer Freude aufgenommen. Wendelgard ließ sich vom Bischof Salomo von Konstanz ihres Gelübdes, dass sie einsam leben wollte, entbinden, legte ihr
Nonnenkleid ab und hielt zum zweiten Mal Hochzeit mit ihrem
lieben Gemahl, welcher dann zum Zeichen seiner Dankbarkeit einige Güter im Rheintale dem Kloster zu Sankt Gallen verehrte.

Bald darauf wurde Wendelgard gesegneten Leibes, starb aber
kurz vor ihrer Niederkunft. Das Kind indes wurde sogleich aus
dem Leibe der toten Mutter herausgeschnitten und gerettet. Es
war ein schöner, zarter Knabe, den man dem heiligen Gallus
weihte und im Kloster zu Sankt Gallen sorgfältig erzog, wo-

selbst er später auch Abt wurde. Er hieß Burkhard und erhielt von den Klosterbrüdern den Zunamen: der Angeborene, weil die Mutter gelobt hatte, wenn sie einen Sohn gebäre, denselben dem Kloster weihen zu wollen.

Der Überlinger Schwerttanz

Die Überlinger mussten einst in den Krieg ziehen und stellten dem Kaiser dafür hundert Mann. Am Morgen des Ausmarsches besuchten sämtliche Krieger den Gottesdienst in der Sankt-Jo-dok-Kirche und ließen sich segnen, nur einer von ihnen betrat die Kirche nicht. Vor ihrem Eintritt in das heilige Haus wetzten sie nach altem Brauch an den Steinsäulen des Portals ihre Schwerter, um diese dadurch zu weihen. Noch jetzt sieht man an dem Stein die Spuren dieses Waffenschleifens; es sind die so genannten »Rillen«, napf- und schiffchenförmige Vertiefungen, wie man sie auch an Eingängen anderer Gotteshäuser manchmal entdecken kann.

Im Kriege selbst zeichnete sich die Überlinger Mannschaft aufs Rühmlichste aus und sämtliche Soldaten kehrten wohlbehalten zurück mit Ausnahme desjenigen, welcher vor dem Ausmarsch die Kirche nicht besucht hatte, denn dieser war im Kampfe gefallen. Der Kaiser aber verlieh hierauf den Überlingern für ihre im Feld bewiesene Tapferkeit das Privileg des Schwerttanzes.

Noch heute ist die Erinnerung an diese Begebenheit lebendig: Bei der Überlinger Fasnacht symbolisiert die Gestalt des Schwarz-Hansli, der vor der Kirche stehen muss und die Eucharistie stört, denjenigen, der statt zur Messe ins Freudenhaus ging.

Seltsame und unerklärliche Geschehen

Der Reiter und der Bodensee

Der Reiter reitet durchs helle Tal,
Auf Schneefeld schimmert der Sonne Strahl.

Er trabet im Schweiß durch den kalten Schnee,
Er will noch heut an den Bodensee;

Noch heut mit dem Pferd in den sichern Kahn,
Will drüben landen vor Nacht noch an.

Auf schlimmem Weg, über Dorn und Stein,
Er braust auf rüstigem Ross feldein.

Aus den Bergen heraus, ins ebene Land,
Da sieht er den Schnee sich dehnen, wie Sand.

Weit hinter ihm schwinden Dorf und Stadt,
Der Weg wird eben, die Bahn wird glatt.

In weiter Fläche kein Licht, kein Haus,
Die Bäume gingen, die Felsen aus;

So flieget er hin eine Meil', und zwei,
Er hört in den Lüften der Schneegans Schrei,

Es flattert das Wasserhuhn empor,
Nicht andern Laut vernimmt sein Ohr,

Keinen Wandersmann sein Auge schaut,
Der ihm den rechten Pfad vertraut.

Fort geht's, wie auf Samt, auf dem weichen Schnee,
Wann rauscht das Wasser, wann glänzt der See?

Da bricht der Abend, der frühe, herein:
Von Lichtern blinket ein ferner Schein.

Es hebt aus dem Nebel sich Baum an Baum,
Und Hügel schließen den weiten Raum.

Er spürt auf dem Boden Stein und Dorn,
Dem Rosse gibt er den scharfen Sporn.

Und Hunde bellen empor am Pferd,
Und es winkt ihm im Dorf der warme Herd.

»Willkommen am Fenster, Mägdelein,
An den See, an den See, wie weit mag's sein?«

Die Maid, sie staunet den Reiter an:
»Der See liegt hinter dir und der Kahn.

Und deckt' ihn die Rinde von Eis nicht zu,
Ich spräch', aus dem Nachen stiegest du.«

Der Fremde schaudert, er atmet schwer:
»Dort hinten die Eb'ne, die ritt ich her!«

Da recket die Magd die Arm' in die Höh':
»Herr Gott! So rittest du über den See:

An den Schlund, an die Tiefe bodenlos,
Hat gepocht des rasenden Hufes Stoß!

Und unter dir zürnten die Wasser nicht?
Nicht krachte hinunter die Rinde dicht?

Und du wardst nicht die Speise der stummen Brut,
Der hungrigen Hecht' in der kalten Flut?«

Sie rufet das Dorf herbei zu der Mär,
Es stellen die Knaben sich um ihn her.

Die Mütter, die Greise, sie sammeln sich:
»Glückseliger Mann, ja, segne du dich!

Herein zum Ofen, zum dampfenden Tisch,
Brich mit uns das Brot und iss vom Fisch!«

Der Reiter erstarret auf seinem Pferd,
Er hat nur das erste Wort gehört.

Es stocket sein Herz, es sträubt sich sein Haar,
Dicht hinter ihm grinst noch die grause Gefahr.

Es siehet sein Blick nur den grässlichen Schlund,
Sein Geist versinkt in den schwarzen Grund.

Im Ohr ihm donnert's wie krachend Eis,
Wie die Well' umrieselt ihn kalter Schweiß.

Da seufzt er, da sinkt er vom Ross herab,
Da ward ihm am Ufer ein trocken Grab.

Gustav Schwab

Die Geschichte soll sich am 15. Februar 1695 tatsächlich zugetragen haben. In Georg Büchmann: Geflügelte Worte, Erstausgabe 1864, heißt es außerdem: »Wir erinnern daher bei ähnlichem Schrecken nach unbewusst überstandenem Unheil an den Reiter über den Bodensee.«

Das Mütterlein mit dem Spinnrad

Es war zu jenen Zeiten, als es in Dornbirn noch üblich war, dass die Nachbarn an den langen Winterabenden in der Spinnstube zusammenkamen. Die Frauen saßen an ihren Spinnrädern, die Männer rauchten ihre Pfeifen. Zu jener Zeit also erschien Tag für Tag und Winter für Winter eine alte Frau, ein altes Mütterchen, in der Spinnstube und setzte sich mit ihrem Spinnrad in die hinterste Ecke. Während die anderen plauderten, Geschichten erzählten, sangen und fröhlich waren, spann die Alte wortlos ihren Faden. Man hatte sich an ihr Erscheinen gewöhnt, und weil sie selbst immer still war, richtete man auch keine Fragen an sie. Schweigend, wie sie gekommen war, entfernte sie sich wieder, wenn die muntere Gesellschaft spätabends die Arbeit einstellte und sich auf den Heimweg machte.

Unter den jungen Leuten, die an diesen Abenden gern Scherz und Kurzweil trieben, befand sich auch ein junger Bursche, der genauso fröhlich war wie die anderen. Doch manchmal vergaß er die Späße und Neckereien seiner Altersgenossen und betrachtete aufmerksam die Alte in ihrem Winkel. Es war seltsam, dass er immer wieder hinblicken musste. Er konnte es sich selbst nicht erklären. Sie schien ihm scheu, bedrückt und einsam, ihr Gesicht hatte einen milden und doch kummervollen Ausdruck. Er war ein lustiger Bursche und lachte gern mit den anderen, aber wenn sein Blick auf die stumme Alte fiel, war ihm das Weinen näher als das Lachen.

So ging es drei Jahre. An einem frostigen Winterabend hatte sich wieder einmal alles in der Spinnstube versammelt. Das Mütterchen saß einsam wie immer in seiner Ecke und spann. Nachdenklich schaute der Bursche der schweigsamen Alten zu. Plötzlich bemerkte er, dass sich ihr Spinnrad verkehrt drehte. Da

stand er auf, setzte sich neben sie und schaute ihr noch eine Zeit lang zu; dann fragte er: »Immer links um, Mütterchen?«

Die Alte schaute auf und lachte plötzlich so vergnügt, dass sich der Bursche nicht erklären konnte, was in ihr vorging. Sie stand auf und winkte ihm, mit ihr zu kommen. Er folgte ihr verwundert in die kalte, stille Nacht hinaus. Die alte Frau wanderte mit ihm über Äcker und Wiesen, und er folgte ihr wie im Traum. Vor einem einsam am Ackerrain stehenden Strauch blieb sie stehen, wandte sich zu ihrem Begleiter und sagte: »So unendlich viele Jahre habe ich gesponnen und immer links herum, und niemand hat es bemerkt. Erst du hast es zu meinem Glück gese-

hen und mich danach gefragt. Nun bin ich erlöst. Mein lieber
Junge, du sollst dafür reichlich belohnt werden. Grabe morgen
hier an dieser Stelle! Was du findest, gehört dir!« Nach diesen
Worten war sie verschwunden; man sah sie nie wieder in den
Spinnstuben.

Am nächsten Morgen grub der Bursche unter dem Strauch.
Er brauchte sich nicht lange zu bemühen, bald fand er einen großen Kessel voller Taler. Da er nun genug Geld besaß und noch
dazu fleißig und klug war, dauerte es nicht lange, und er war der
reichste Mann im ganzen Dorf.

Die weiße Frau von Rosenegg

Auf Schloss Rosenegg bei Bürs erschien in früheren Zeiten oft
ein verzaubertes Burgfräulein. Es wartete auf seine Erlösung
und bat jeden Menschen, den es traf, ihm zu helfen und es zu erlösen. Als Lohn versprach es seinem Retter einen Schatz. Ein
Junge aus Bürs soll der Letzte gewesen sein, dem es sich zeigte.

Eines Abends, knapp vor dem Dunkelwerden, war der Bub
eben dabei, ein Bündel Holz, das er gesammelt hatte, nach Hause zu tragen. Plötzlich stand vor ihm das Burgfräulein in einem
schneeweißen, leuchtenden Gewand, schaute ihn freundlich an
und sagte: »Büblein, lade dein Bündel noch einmal ab, du könntest mir einen großen Dienst erweisen. Jahrelang muss ich schon
hier hausen, aber heute könntest du mich erlösen.«

Der Junge war ganz und gar nicht erschrocken, er schaute
das Burgfräulein treuherzig an und sagte: »Es ist schon recht
spät, und meine Mutter wartet zu Hause auf das Holz. Ich muss
schnell heimlaufen und ihr das Bündel bringen. Aber nach dem
Abendessen komme ich wieder zurück, Ehrenwort!«

»Geh«, antwortete das Fräulein, »aber komm bestimmt wieder und vergiss nicht, drei geweihte Ruten mitzunehmen.«

Der Junge aß hastig sein Abendbrot, sprang nachher rasch in die gute Stube seiner Mutter, nahm drei geweihte Palmzweige und lief damit wieder zur Burg hinauf. Der Mond schien, und es war fast so hell wie am Tag, ein verzaubertes, bleiches Licht lag über der Burg, aber dem kleinen Jungen war gar nicht ängstlich zumute.

Das weiße Fräulein kam ihm schon entgegen, lächelte und führte ihn in die Burg. Mutig schritt der Kleine hinter der weißen Dame einher und zögerte keinen Augenblick, als es über eine steinerne Stiege zwölf oder fünfzehn Stufen tief in ein Gewölbe abwärts ging. Im hintersten Winkel des dunklen Kellers stand eine große eiserne Truhe, auf deren Deckel regungslos ein großer schwarzer Hund hockte.

»Mein lieber Junge«, erklärte das Fräulein, »diesem Hund musst du mit jeder deiner geweihten Ruten einen Schlag geben. Nach dem dritten Streich wird der Hund von der Kiste herabspringen, ich werde dir von meinem Schlüsselbund den Schlüssel zur Truhe geben und du kannst die Truhe aufsperren. Der Schatz, der darin liegt, gehört dir, und ich bin erlöst.«

Nun war es schon sehr unheimlich da unten im tiefen Gewölbe, aber der Junge war so ein keckes, verwegenes Dorfbürschlein, wie es viele gibt, denen immerzu lustige und manchmal auch dumme Streiche einfallen. Das Fräulein gefiel ihm, und er hätte sie gar zu gern erlöst. Also nahm er eine Rute, überlegte nicht lange und gab dem Hund einen Schlag. Das Tier begann bösartig zu knurren, das ganze Gewölbe hallte davon wider; der Hund rollte mit seinen Augen und wuchs und wuchs. Da wurde es dem Knaben gruselig zumute, aber er griff tapfer zur zweiten Rute und schlug nochmals auf den Hund ein. Der Hund fletschte die Zähne, riss das Maul auf und knurrte und knurrte, dass es dem Jungen einen Schauer nach dem anderen über den Rücken jagte. Er nahm trotzdem die dritte Rute. Das Tier schwoll an, als wollte es nicht mehr mit dem Wachsen aufhören, stieß schon mit dem Buckel ans Gewölbe, die Augen waren nun so groß wie Mühlräder und sprühten Feuerflammen. Da wusste sich unser Bürschlein nicht mehr zu helfen, die Rute fiel ihm aus der Hand, es stürzte die Treppen hinauf, rannte aus der Burg und lief und lief und konnte nicht mehr aufhören zu laufen, bis es sich daheim verkrochen hatte.

Das Burgfräulein aber stand oben auf der Brüstung der Burg, das weiße Gewand leuchtete im Mondschein, es rang die Hände und klagte und jammerte: »Nun muss ich wieder hundert Jahre warten, bis einer kommt, der mich erlösen kann.«

Und wenn die hundert Jahre um sind – willst du dann nicht auf Schloss Rosenegg gehen, in einer Vollmondnacht, und warten, bis das Burgfräulein zu dir kommt und dich bittet, es zu erlösen?

Die Rosen der Tegelsteinerin

Unweit von Lindau, wo heute der stille Garten des Lindenhofes liegt, stand in alter Zeit die Burg Tegelstein. Auf ihr hauste eine sehr stolze und hochmütige Frau, die einen Sohn und drei blühende Töchter hatte, an denen sie mit all ihrer Liebe hing. Für das niedere Volk hegte sie tiefe Verachtung. Eines Tages kam zu dieser hochfahrenden Herrin eine arme Pächtersfrau und erzählte ihr unter Tränen, dass in der letzten Nacht ihre einzige Tochter gestorben sei. Die Burgherrin möge ihr darum erlauben, dem abgeschiedenen Kinde von den Rosen des Burggartens einen Totenkranz zu flechten. Da rief die herzlose Tegelstei-

nerin der flehenden Frau in höhnischen Worten zu: »Für deinen Balg ist ein Kranz von Brennnesseln gut genug; Rosen geziemen nur den Edelfräulein.«

Darauf ging die arme Mutter voll Schmerz von dannen und sprach dabei: »So sollen Eure Rosen zu lauter Totenkränzen werden!«

Und so geschah es. Noch am selben Tage, während die Töchter der stolzen Frau eine Lustfahrt auf dem See machten, erhob sich plötzlich ein Sturm so heftig, dass die Edelfräulein in den Fluten ertranken. Die Schlossherrin packte die helle Verzweiflung. Sie ging, unwissend, was sie tat, in den Garten, schnitt Rosen von den Stöcken, band sie zu Kränzen und legte sie unter heißen Tränen ihren toten Kindern aufs Grab. Bald darauf starb sie. Doch hat man sie seither noch oft zu Mitternacht umgehen sehen, aus Rosen Kränze windend, sobald irgendjemand ihres Geschlechtes dem Tode nahe war.

Der Schatzgräber vom Schlossberg

Auf dem Bregenzer Schlossberg ist ein kleiner Weiher voll Binsen, Fröschen und Molchen. Dort flimmert zur Nachtzeit, wenn es vom Kirchturm zwölfe schlägt, ein winziges Lichtlein. Bald kommt es aus den Tannen und Buchen, bald beim Hexenplatz und an den Eichen vorbei, bald durch die Lerchen über den Rain herauf. Am Weiher bleibt es dann stehen und brennt bis um zwei Uhr. Man sagt, es sei der Geist jenes Halunken, der Bregenz einst an die Schweden verraten hatte.

Damals sind die Schweden auch nach Bregenz gekommen und haben dort gehaust wie das wilde Heer. Als sie von Lindau kommend anmarschierten, haben sich die Bregenzer zuerst wacker gewehrt und den Feind gegen Lochau zurückgetrieben. Jedoch schlich des Nachts ein Mann in das schwedische Lager, der dem General Wrangel versprach, seine Soldaten gegen einen guten Lohn auf Schleichwegen nach Bregenz zu führen. Wrangel ging auf den Handel ein, worauf jener Spitzbube die Schweden über den Pfänder vor die Stadt führte. Als er sich aber den Lohn holen wollte, antwortete ihm Wrangel: »Am Taglohn soll es nicht fehlen; auf dem Schlossberg hinter dem Felsen ist ein Sumpf, dort haben die Grafen von Bregenz im Appenzeller Krieg ein goldenes Kegelspiel vergraben – das soll dein Lohn sein. Geh und such es mit Spaten und Schaufel!« Da ging der Verräter zum Sumpf und schaufelte und grub immerzu, aber hat freilich kein goldenes Kegelspiel gefunden. Bis auf den heutigen Tag hat der Schuft keine Ruhe finden können, er muss auf dem Bregenzer Schlossberg auf ewige Zeiten herumgeistern. In den Händen eine Schaufel und eine Laterne, wankt er trübselig um Mitternacht heran und gräbt, bis es zwei Uhr schlägt. Dann verlöscht sein Licht – und was er gegraben, fällt wieder zusammen.

Der Schatz im Höwen

Man sagt, dass im Hohenhöwen ein Schatz verborgen liege; der warte auf einen, der Hans heiße. Diesem und sonst niemandem sei er bestimmt. Also soll es ein Erdmännlein vor vielen Jahren angezeigt haben. Und deswegen haben denn die Grafen von Lupfen als Inhaber der Herrschaft Höwen jederzeit einen Sohn dieses Namens in ihrem Geschlecht gehabt.

Die Goldkäfer

Am Morgen des Karfreitags kam ein Mädchen aus Mimmenhausen zu einem Nussbaum, in dessen hohlem Stamm eine Menge Goldkäfer umherkrochen. Weil sie so schön glänzten, nahm sie eine Hand voll in ihre Schürze und rief eine Frau, die in der Nähe weilte, herbei, dass sie die prächtigen Käfer im Baum bewundern solle. Im gleichen Augenblick aber waren diese verschwunden, und als das Mädchen der Frau die Käfer in ihrer Schürze zeigen wollte, hatte sie stattdessen große, alte Goldstücke darin.

Spuk bei Ludwigshafen

Zwischen Bodman und Ludwigshafen dehnt sich vom Seeufer bis gegen das Dorf Espasingen ein Landstrich aus, der den Namen Hangen führt und von der Stockacher Ach durchflossen wird. Über diesen Bach führt eine Brücke, die so genannte Hutbrücke. Bei der Brücke soll ehedem ein Galgen gestanden haben. Deshalb ist es auch in dieser Gegend nicht ganz geheuer. Allerlei Spuk wird da getrieben.

Eines Abends wollte ein Knabe aus Ludwigshafen einmal auf einem der Nussbäume, die hier früher standen, Nüsse holen. Während er auf dem Baume saß, kam über das Feld her eine weiße Gestalt, in weißem Gewand und mit weißem Strohhut, ging dreimal um den Baum herum und dann wieder zurück über das Feld. Dem Knaben ward es unheimlich, er ließ die Nüsse, glitt von dem Baum herunter und rannte heim.

Ein andermal ging ein Jäger nachts bei Mondschein zu einem Entenstand, den er hier errichtet hatte, um Enten zu schießen. Aber er sah nur einen Fuchs über das Feld kommen. Der schlich am Ufer hin und her und verhinderte so, dass die Enten näher kamen. Da schoss der Jäger auf den Fuchs, der dann aber plötzlich verschwunden war. Folgenden Tages erfuhr der Jäger, dass man im benachbarten Bodman einer alten Frau, welche allgemein als Hexe galt, Schrotkörner aus dem Leibe hat schneiden müssen.

Die Kirchenentheiligung

Nachdem die Johanniskirche in Konstanz aufgegeben worden war, wurde das Gebäude als Stall benützt. Aber alles Vieh ging darin zu Grunde. Namentlich wurden den Geißböcken von unsichtbarer Macht die Hälse umgedreht. Da hörte man auf, in der Kirche Vieh unterzubringen.

Der Saumichel und der Teufel

Auf dem Siemonshof bei Hohenbodman diente einmal ein Knecht, den man, weil er die Schweine zu besorgen hatte, nur Saumichel nannte. Obschon der nicht viel arbeitete, hatte er doch den Sack immer voll Geld und gab es mit vollen Händen aus. Da wunderten sich die Leute bald, woher er das alles habe, und kamen endlich dahinter, dass er sich dem Teufel verschrieben hatte. Jeden Samstag stand er bei Nacht auf und ging an einen Kreuzweg, um den Vertrag mit dem Teufel zu erneuern. Sagte die Meisterin einmal zu ihm: »Michel, mach dich los, denk an die Ewigkeit!«, dann gelobte er es, erklärte aber, er werde nur frei, wenn er einen anderen bringen würde.

Oft wollte er einen von den Knechten mitnehmen, die mit ihm in der gleichen Kammer schliefen, doch brachte er keinen dazu. Später verließ der Saumichel den Siemonshof, ohne dass jemand genau wusste, wohin er gegangen war. Es hieß nur, bei seinem Tode sei es nicht recht hergegangen; sein Leichnam sei »beerschwarz« gewesen und niemand habe ihn in den Sarg legen wollen.

Verrufene Richtstätte

Vor Zeiten, als der Bauernaufstand am See niedergeschlagen war, haben die von Überlingen etliche angesehene Männer von Sernatingen und anderen Orten ihres Gerichtsbannes gefangen genommen und ohne alle Barmherzigkeit oder genügende Untersuchung auf dem Sernatinger Brühl enthauptet, weil sich die Unglücklichen, obschon gezwungen, den aufständischen Bauern angeschlossen hatten und außerdem im Verdachte standen, der neuen lutherischen Lehre zuzuneigen. Man sagt, es sei den Hingerichteten Unrecht geschehen, weshalb auf der genannten Richtstätte bis auf den heutigen Tag weder Gras noch Laub wachse, obgleich der Brühl vordem eine treffliche Wiese gewesen.

Auch soll es dort zu manchen Zeiten nicht geheuer sein. Als einmal nach dem Betläuten eine Schar Kinder auf diesem Platze spielte, kam ein weiß gekleideter Mann, der ein Chorhemd oder ein Messgewand anzuhaben schien, langsam und drohend auf die junge Schar zu, sodass die Kinder allesamt unter großem Geschrei davonliefen. Einige Leute sagen, dass der Geist, der umherging und die spielenden Kinder erschreckte, der Frühmesser Heuglin von Sernatingen sei, der einst an diesem Orte ungerechterweise als Ketzer verbrannt worden war.

Haftende Blutflecken

Die Gemahlin des Grafen Heinrich III. von Heiligenberg war eine sehr fromme und gottesfürchtige Frau. Gleichwohl ist sie von giftigen Zungen verleumdet worden, sie stünde mit dem Schreiber des Grafen in geheimer Buhlschaft. Als sie darum eines Tages in der Felixkapelle zu Heiligenberg allein in ihrem Betstuhle saß, da stürzte auf einmal Graf Heinrich mit entblößter Waffe zur Kirche herein und erstach sie. Man sagt, wie die Frau gesehen habe, dass sie sterben müsse, habe sie mit beiden Armen den steinernen Fensterpfosten umfangen und sich gottbefohlen dem Tode ergeben. Ihr Blut befleckte den Betstuhl und die weißen Wände und ist seitdem nimmermehr wegzuwischen. Graf Heinrich von Fürstenberg und nach ihm sein Sohn Joachim wollten jene Stelle des Öfteren übertünchen lassen. Aber alles war umsonst; es haftete keine Tünche auf diesen Blutflecken.

Das Frauenlicht bei Röhrenbach

Auf der Straße von Heiligenberg nach Röhrenbach bemerkte man vor vielen Jahren in der Nähe des Bildstöckles in mancher Nacht eine merkwürdige Lichterscheinung. Bald glühte es rot, bald gelb, bald blau. Auch sah man dort öfters eine Frauengestalt. Wie man erzählt, hat eine Frau vor langer Zeit auf dem betreffenden Wege ihren Mann nachts meuchlings ermordet, einem anderen zu Gefallen. Nach ihrem Tode musste sie deshalb als Geist die Stätte ihrer Untat nächtlicherweise besuchen. Bisweilen sah man die Mörderin auf einer Brunnensäule in Röhrenbach sitzen, sodass Vorübergehende einen großen Schrecken bekamen.

Um den Spuk loszuwerden, wandte man sich an einen Priester, der dann auch den Geist in eine abgelegene Schlucht bannte, wo er seine Strafe weiterhin verbüßen muss.

Der Kirchenbau von Altheim

Bei dem etwa drei Stunden landeinwärts von Überlingen gelegenen Dörfchen Altheim steht auf einem Felde in der Nähe des Schulhauses ein Steinkreuz ohne Inschrift und Jahreszahl. Auf diesem Felde hatte man einst die Kirche bauen wollen. Schon lagen Steine und Holzwerk auf dem Platze bereit. Aber jedes Mal, wenn man mit dem Bau beginnen wollte, war über Nacht das ganze Baumaterial verschwunden und lag morgens auf einer kleinen Erhebung im Ort. Um dieser Sache auf den Grund zu gehen, ward ein Mann beauftragt, nachts auf dem Bauplatze zu wachen. Andern Morgens aber wurde der Wächter erdrosselt auf dem Platz gefunden, Bausteine und Balken waren wieder verschwunden und lagen wie immer im Ort. Da gab man den ursprünglichen Bauplatz auf und baute die Kirche an eben jener Stelle, an der man die Baumaterialien morgens immer gefunden hatte. Der Bau ging hier rasch und ohne Störung vorwärts, und es entstand die jetzige, dem heiligen Pankratius geweihte Kirche.

Der Kleebhund

Eine Viertelstunde westlich vom Dorfe Eggersriet liegt der Weiler Egg. Ein Fußweg führt dorthin und zwar durchs Kleeb, wo ehemals ein hübscher Buchenwald stand. Am Tag war dieser

Weg recht angenehm; zur Nachtzeit aber wurde er ängstlich gemieden; denn da hauste der Kleebhund, der manchen späten Wanderer erschreckt hat. Dieser Hund war nämlich kein gewöhnliches Tier, sondern ein übernatürliches, böses Wesen, das sich auf sein Opfer stürzte, sich auf dessen Rücken setzte und die Klauen so tief eingrub, dass die Spuren lange Zeit deutlich zu sehen waren. Wenn der Geängstigte dann, von Schweiß triefend, bis zum nächsten Hause floh, verließ ihn der Peiniger dort und verschwand so schnell, wie er gekommen war.

So war's vor Jahren! Der Buchenwald ist schon längst unter den Streichen der Axt gefallen, und seit jener Zeit hat auch niemand mehr den Kleebhund gesehen, der wird also wohl auf Nimmerwiedersehen verschwunden sein.

Der Minkreiter bei Bambergen

Die alte Straße von Überlingen über Lippertsreute ins Salemertal führt in der Nähe von Bambergen durch den Wald gegen den Schönbucherhof und wird hier von einem Waldweg gekreuzt. Dieser Weg wird Minkweg genannt. Der Name geht auf einen Förster zurück, der in diesem Waldgebiet die Waldarbeiter und Holzhauer schwer gedrückt hat. Außerdem soll er unablässig gräulich geflucht und gotteslästerliche Redensarten im Munde geführt haben. Deshalb musste er nach seinem Tode als Reiter auf einem Schimmel umgehen. Manchmal hört man den Minkreiter im Walde fluchen und krakeelen. Gern auch führte er die Leute in die Irre, sodass sie schließlich da wieder aus dem Wald herauskamen, wo sie hineingegangen waren. Mitunter machte er auch die Pferde so scheu, dass sie gar die Wägen umwarfen.

Einmal fuhr ein Bauer nachts mit zwei Pferden in den Wald. Da hörte er in der Nähe ein Ross wiehern und hielt an, um das Fahrzeug oder den Reiter herankommen zu lassen. Aber es rührte sich nichts, obwohl das Gewieher andauerte. Da fürchtete er, es sei der Mink, und machte, dass er weiterkam.

Einst kam ein Knecht mit seinem Meister durch den Wald. Beim Minkweg rief der Knecht: »Mink, jetzt komm einmal!« Da stand plötzlich ein großer Mann neben ihm und gab ihm eine solch kräftige Ohrfeige, dass er zu Boden stürzte. Alles dies hat auch der Meister gesehen.

Vor mehreren Jahren marschierte ein Soldat bei Mondschein heimwärts durch den Wald und bemerkte auf einmal hinter sich einen großen schwarzen Hund, der ihm folgte und der stehen blieb, wenn er auch Halt machte. Der Soldat hielt seinen Säbel bereit, aber der Hund tat ihm nichts zuleide, ja, er knurrte nicht einmal. Weiter folgte der Hund dem Soldaten bis auf die Höhe, wo der Minkweg die Landstraße schneidet. Hier verschwand er plötzlich.

Unterirdische Schätze

Überlingen war einst eine Reichsstadt und wohl versehen mit Türmen, Mauern und Gräben. Manch alter Turm steht noch, manche Überreste der einstigen Schutzmauer sind noch vorhanden. Mitunter trifft man auch eingefallene Gewölbe oder zugemauerte Tore, die dereinst in unterirdische Gänge führten, deren es früher viele gegeben hatte, da die einzelnen Festungstürme mit anderen wichtigen Stellen der Stadt Verbindung haben sollten. Am Barfüßertor in der Nähe der Bestlemühle war ebenfalls eine Maueröffnung. Dahinter befand sich ein Gang, durch den man in die ehemalige Burg des Alemannenherzogs Gunzo gelangen konnte. Andere Gänge sollen sich bis hinab zum See erstrecken. In diesen Gängen seien seit undenklichen Zeiten ungeheure Schätze angehäuft worden, und zwar in solcher Menge, dass die Stadt, wenn sie dreimal verbrennen sollte, dreimal wieder aufgebaut werden könnte. Nur der Rat der Stadt kannte die Stellen, wo die Schätze lagen.

Der Geist der Gunzo-Burg

In der Oberstadt Überlingens, dem so genannten Dorf, steht ein altes Haus, welches die »Burg« heißt, denn dort soll der Alemannenherzog Gunzo gewohnt haben. Überlingen war nämlich ursprünglich Sitz der Herzöge von Alemannien. Über dem Tor des Hauses ist noch heute das Bild eines geharnischten Ritters zu sehen mit der Inschrift: »In dieser Burg residierte im Jahre 641 Gunzo Herzog von Schwaben und Allemanien.«

In früheren Zeiten erschien den Hausbewohnern bisweilen ein großer, über sechs Fuß hoher schwarzer Ritter mit geschlossenem Visier. Er kam plötzlich und verschwand ebenso. Er verfolgte auch schon Leute, die hinter dem Haus das so genannte »Burggässchen« hinaufgegangen waren, und warf sie in den Stadtgraben hinab.

Erst als unter der Dachtraufe an der unteren Hausecke gegen das Gässchen hin ein Kreuz vergraben wurde, war der Geist in der Gasse nicht mehr zu sehen.

Im Haus jedoch zeigte er sich von Zeit zu Zeit. Einmal kam er abends in jenes Zimmer, in dem die schwangere Frau des Hausherrn bereits zu Bett lag. Die Tür öffnete sich geräuschlos, ein schwarzer, gewaltig großer Ritter mit unkenntlichem Gesicht trat herein, in der Hand ein Kohlengefäß, aus welchem Feuerfunken sprühten. Nachdem er im Zimmer umhergegangen war, beugte er sich über das Bett der Frau und schüttete das Gefäß aus, sodass sich das Feuer schnell ausbreitete, ohne jedoch den geringsten Schaden anzurichten. Die Frau aber brachte bald darauf ein Kind mit schwarzen Brandmalen zur Welt.

Das weiße Fräulein

Bei Markdorf stand auf einem Hügel in alten Zeiten ein Schloss, von dem heute noch Spuren zu sehen sind. Da zeigte sich oft ein weißes Fräulein, dieses lief auf dem Wall hin und her und streute, wie wenn der Landmann die Frucht aussät, glänzendes Silbergeld auf den Boden. Eine Hand voll nach der anderen. Wenn man am nächsten Tag danach suchte, so hat man hie und da noch ein Geldstück gefunden.

Die Schatzgräber

Im Gebiete der Gemeinde Sevelen steht die Ruine Herrenberg, in welcher, so heißt es, noch große Schätze zu finden seien. Vor einigen Jahren machten ein paar Männer den Versuch, diese zu heben. Sie verschafften sich dazu ein Zauberbuch, warteten das richtige Kalenderzeichen ab, den »Wedel« und den »obsigänten« Mond, und brachten dann einen Tag in einem abgelegenen Hause zu, wo sie bei verschlossenen Türen und Fensterläden die nötigen Vorbereitungen trafen, wozu auch ein strenges Fasten gehörte. Als dann die Mitternachtsstunde nahte, stiegen sie den Schlosshügel hinan und gruben im Weinberg ein großes Loch. Es musste aber an dem Zauber etwas gefehlt haben; denn als sie beim Schlag der Pickel einen hohlen Ton vernahmen und ganz deutlich das Klingen der Goldmünzen hörten, erschien ein schwarzer Pudel mit feurigen Augen und rauchendem Rachen – und die erschrockenen Männer ergriffen die Flucht.

Am nächsten Morgen sah man nur noch das große Loch, das die Männer gegraben hatten und das der Besitzer des Weinberges wohl oder übel selbst wieder zuschaufeln musste.

Die Schlange
mit dem goldenen Krönlein

Das Matta-Bäbele aus Frastanz ging einmal über einen einsamen Felsweg. Da sah sie unweit des Weges etwas glänzen, trat näher hinzu und sah nun zwölf braune Schlangen im Grase liegen, die sich behaglich sonnten. In ihrer Mitte streckte sich eine weiße, die hielt ihren Kopf zierlich und kerzengerade in die Höhe und trug auf ihrem Haupte ein güldenes Krönlein, das weithin glänzte. Diese Schlange war eine verwünschte Königstochter. Wer es zustande gebracht hätte, ihr das goldene Krönlein wegzunehmen, der würde sie erlöst haben und selbst steinreich geworden sein.

Bregenzer Goldwasser

Bei Bregenz war ehedem eine Goldquelle, die von einem Geist gehütet wurde. Einmal kam ein Mann zu der Quelle und sprach den Geist freundlich an, ob es erlaubt sei, ein Kübele voll Goldwasser mit heimzunehmen. Da sagte der Geist: »Wenn du kein

Wörtchen davon reden willst, bis du mit dem Gold zu Hause bist, so darfst du dein Kübele füllen.«

Der Mann füllte sein Kübele und lief heim, fiel aber unterwegs hin und verschüttete etwas von dem Goldwasser. Da erschrak er und sagte zu sich selbst: »Ist schad!«

Wie er das gesagt hatte, ist kein Tröpfle Goldwasser mehr im Kübele gewesen.

Der Schatz in der Burghalde

In der Nähe von Sipplingen liegt auf schroffem Felskegel die Ruine der Haldenburg, vom Volk die Burghalde genannt. Niemand weiß, wer die Burg erbaut hat. Auch sonst ist von ihr wenig bekannt.

So viel aber erzählen die Leute, dass von dieser Burg, nach dem benachbarten Hohenfels ein unterirdischer Gang führe. Sowohl diese zwei Burgen unter sich wie auch die am jenseitigen Ufer gelegenen Burgen Kargegg und Bodman hätten auf diesem Weg, in Zeiten der Not, einander Zeichen gegeben und voneinander Hilfe verlangt.

Dass die Ritterburg auf der Burghalde einst ein mächtiger, stattlicher Bau gewesen, deuten schon die gewaltigen Gewölbe, Gänge und Verliese an, die sich unter der Ruine befinden. Wenn man ein Steinchen durch die Kelleröffnung in die Tiefe fallen lässt, dann hat man lange zu warten, bis man dasselbe aufschlagen hört. In diesen unterirdischen Gewölben, welche mit einer eisernen Tür verschlossen sind, ist ein reicher Schatz verborgen, den zu heben sich bis jetzt jedoch niemand getraut hat. Denn dieser Schatz wird von Basilisken bewacht, und wer ein solches Tier sieht, ist sofort des Todes.

Die Kröten

In Rorschach wird erzählt, dass Kröten, die am Tag ruhig in einem Teiche beisammensitzen, nachts als Unholdinnen ihr Unwesen treiben; sie erzeugen Donner und Blitz, Sturm und Regen und richten Verheerungen an. Die heilige Patronin des Ortes kann sie zurücktreiben und so ihre Flur beschützen.

Der Dreizehnte

Zu Laterns waren einmal an einem Winterabend ihrer zwölf in einem einsamen und verrufenen Hause hoch ob der Kirche in der Spinnstube beisammen. Darin ging es gar lustig her, aber nicht sittsam. Als sich die Burschen nach Mitternacht auf den Heimweg machten, da kamen sie überein, auf einem Schlitten bergab ins Dorf zu fahren, wobei ihnen der mondhelle Kirchturm als Merkzeichen dienen sollte. Es stieg also einer nach dem andern auf den Schlitten, bis dass auch der Zwölfte droben saß. Dann bemerkten sie plötzlich noch einen Dreizehnten, der ihnen völlig unbekannt war, und riefen ihm zu: »Sitz auch auf!«

Der Unbekannte aber entgegnete: »Es sind schon euer zwölf, ihr habt g'nug geladen; fahrt zu!« Da fuhren sie wie die Kugel aus dem Rohr den steilen Hang hinab – und sahen vom Kirchturm, auf den sie lossteuern wollten, nicht einen Schimmer mehr. Sie schossen deshalb über den Kirchweg hinaus und stürzten über einen Schrofen in den Frutztobel hinunter, dass alle zwölf Hals und Bein brachen. Seit dieser Zeit heißt jener Schrofen der »Fluchschrofen«. Jener unbekannte Dreizehnte war – der Teufel.

Das zänkische Weib

Im Dorfe Allensbach erzählt die Sage, dass ein schwarzer Pudel auf dem Platz, wo früher das Schloss stand, vergrabene Schätze hüte.

Vor langen Jahren lebte in selbigem Orte ein zänkisches Weib, das mit ihrem Manne tagaus tagein Händel hatte. Einmal in später Nacht, als sie wieder mit ihrem Ehegespons im Streit lag, verließ sie das Haus unter lauten Verwünschungen und sprang zornentbrannt durch das Dorf.

Wie sie nun am »Schlossbuck« vorbeikam, war es gerade Mitternacht. Da vertrat ihr der »Borstige« den Weg und flößte ihr mit seinen glühenden Augen einen solchen Schrecken ein, dass sie schnurstracks umkehrte und nach ihrer Wohnung eilte. Doch der schwarze Pudel geleitete sie bis vor die Haustüre. Hier begann das böse Weib dermaßen zu klopfen, als ob die ganze Hölle hinter ihr her wäre. Als ihr Mann die Tür öffnete und den gespenstischen Begleiter sah, den seine Frau bei sich hatte, sagte er spöttisch: »Du hast bei Gott einen sauberen Gesellen mitgebracht!« Seitdem war das zänkische Weib geheilt und ist nie mehr vom Hauswesen fortgelaufen.

Das Nachtvolk blendet

In Vorarlberg stand ein Haus, in dem hatte schon jahrelang keine Seele mehr geschnauft. Doch einmal kehrte dort nachts beim Vollmond das Nachtvolk zum Abendtanz ein. Und wie es manchmal so geht, führte zur selben Stunde der Weg einen Mann an diesem Hause vorbei. Als er das lustige Tanzen hörte, packte ihn die Neugier: Es zog ihn mit Gewalt zum Hause hin, und er musste durch einen Spalt gucken. Wie tanzte da drinnen das Nachtvolk flink und frei, als ob es Fittiche an den Füßen hätte!

Lang lugte er zu, dann wurde es ihm doch zu spät, und er eilte heimwärts. Als er aber so ging, stieß er auf einmal einen Schrei aus: »O weh, ich sehe auf einem Auge nicht mehr!« Und wirklich sah er auf dem einen Auge das ganze Jahr nicht, obwohl er alles versuchte, um das liebe Licht zurückzugewinnen. Auf einen guten Rat hin ging er zur gleichen Zeit wie im Vorjahr wieder zu dem einsamen Haus. Das Nachtvolk war auch da und tanzte zu Trommel- und Pfeifenspiel. Da lugte er wie das erste Mal zu und konnte sich auch diesmal nicht satt sehen. Zuletzt sagte er zu sich selber: »Es wird mir zu spät, ich muss jetzt heim!« Und als er ging, war es ihm, als sei er neugeboren: Er sah – wie früher – auf beiden Augen!

Die Eidechse und die Schlange

Zu Dornbirn war einmal ein seelenguter Mann, der es nicht übers Herz brachte, ein Tier zu misshandeln oder zu quälen. Von allen Tieren liebte er besonders die Eidechsen. Nun geschah es einst, dass dieser Tierfreund auf dem Felde unter einem Baum einschlief. Da kam plötzlich eine Schlange über den Weg gekrochen, sah den Schläfer und wollte ihn umbringen. Sie rupfte mit dem Maul ein fünfblättriges Kleeblatt aus dem Gras, legte es dorthin, wo sich das Herz befand, kroch den Baum hinauf und wollte sich auf das Kleeblatt herunterstürzen und den armen Mann so in die andere Welt bringen. Aber da schlich rasch eine Eidechse aus dem Busch hervor, nahm das Kleeblatt, legte es daneben auf einen Stein und sprang, so schnell sie auch gekommen war, wieder fort. Derweil war die Schlange oben auf dem Baum angekommen, suchte das grüne Blättchen, merkte aber nicht, dass es auf dem Stein und nicht auf dem Manne lag, und stürzte sich mit aller Gewalt darauf und zerschmetterte sich dabei den Kopf.

Der Haslemann

Im Haslewald zwischen Stetten und Breitenbach trieb früher der Haslemann sein gespenstisches Unwesen. Dieses Männlein war zu Lebzeiten Korbflechter und Besenbinder und hielt sich ständig im Walde auf. Da es sehr arm war, schnitt es seine Ruten und Reiser, wo es gerade die schönsten fand, unbekümmert darum, wem sie gehörten. Und niemand konnte den kleinen Mann auf frischer Tat ertappen. Endlich, in einer mondhellen Nacht, vernahmen die Förster im Walde ein Knacken, und als sie hinzuschlichen, um den Haslemann zu ergreifen, da kletterte das Männlein mit unglaublicher Behändigkeit auf eine hohe Tanne, wohin ihm keiner folgen konnte. Also beschloss man, den Baum umzuhauen. Da stürzte der Haslemann mit der Tanne zu Boden und war auf der Stelle tot. Zur Strafe für seine Diebereien musste das Männlein viele Jahre im Walde herumgeistern. Oft hörte man sein Johlen und Jammern im Krachen eines niederstürzenden Baumes; auch wurden Wanderer und Fuhrleute von ihm irregeführt. Später hat dann der Haslemann seine Ruhe gefunden.

Die Klausenburg

Westlich von Althohenfels, bei Ludwigshafen, steht ein Hochwald. Mittendrin befindet sich ein Hügel, auf dem sich vor alter Zeit das kleine Schloss Klausenburg befunden hat. Der Besitzer desselben soll sehr reich gewesen sein und nebst vielen anderen Schätzen auch ein vollständiges Kegelspiel aus purem Gold besessen haben. Trotz seines großen Reichtums war er aber ein abscheulicher Geizhals, der keinem Armen ein Almosen gab, und überdies tyrannisierte und plagte er seine Familie, sodass diese ihn alle verließen. Endlich bekam er eine schlimme Krankheit und wurde von Läusen aufgefressen.

Niemand jedoch getraute sich mehr, die Schätze des Geizhalses zu berühren, weil ein Fluch daran haftete. Einer seiner Verwandten verschaffte sich schließlich aber doch die Schlüssel zum Schatzgewölbe und machte sich entschlossen bei hellem Sonnenschein auf den Weg zur verlassenen Burg. Kaum jedoch hatte er den Wald betreten, brach ein fürchterliches Gewitter los. Trotzdem verfolgte er sein Ziel, erreichte die Burg, ging in das Gewölbe und fand dort eine große eiserne Kiste. Zu seinem Entsetzen aber sah er auf derselben eine ungeheure schwarze Kröte sitzen. Während er nun den Schlüssel in das Schlüsselloch der Kiste stecken wollte, streckte die Kröte ihren Vorderfuß nach ihm aus. Der Schlüssel entfiel seinen Händen, die Kiste samt Kröte versank vor seinen Augen im Boden. Er selbst aber wurde zur Burg hinausgeschleudert.

Das Kruzifix auf der Mainau

Als die Schweden die Insel Mainau im Bodensee eingenommen hatten, luden sie das Kruzifix und die beiden Schächer aus Erz, welche nahe der Insel im See standen, auf einen Wagen und fuhren damit fort. Aber bei Litzelstetten blieb der Wagen plötzlich stehen und war nicht mehr von der Stelle zu bringen, obgleich die Schweden zuletzt zwölf Pferde davor gespannt hatten. Sie ließen ihn daraufhin samt seiner Ladung an Ort und Stelle. Einige Bauern führten den Wagen wieder zurück. Sie hatten nur zwei Pferde vorgespannt, und der Wagen lief wie von selbst. Bald wurde das Kruzifix nebst den Schächern wieder am alten Platz aufgestellt.

Das Plattenwibli

Ein Zimmermann ging einst nach Oberschan »zur Spinni«. Als er frühmorgens durchs Seveler Holz heimkehrte – es war noch nicht Tag – sah er im Buchenwalde, nahe am Wege ein Weibchen

und fragte verwundert, was es so früh da mache. Sie antwortete, aber ohne sich umzukehren, sie sammele Laub für die Schweine. Jetzt erst gewahrte er, dass sie an dem einen Fuße einen roten, am andern einen schwarzen Strumpf trug. Es war das bekannte »Plattenwibli«, das bald darauf starb.

Als man mit dem Sarg vom Hause wegging, fragte ein Mädchen seine Mutter, wen man da begrabe, und sagte, als diese ihre Frage beantwortet: »Nein, das Plattenwibli sitzt ja in der Küche auf der Herdplatte. Schau nur!« Die Mutter hieß das Kind schweigen und folgte weiter dem Leichenzug. Im dem Hause aber geisterte es von da an.

Der Hasenholzgeiger

Keiner hatte ihn je gesehen, aber alle hatten ihn schon gehört. In den heiligen Zeiten, an Weihnachten und an den Fronfastentagen, lauschten die Leute von Zuzwil und Linggenwil seinem himmlischen Spiel, weil es dann am schönsten aus dem Hasenholz herausklang, wo der unsichtbare Spielmann, wie die Sage erzählt, seine Geige so volltönend spielte, als wäre er der »fürnehmste« Geiger der Welt. Wer aber seinem zauberischen Spiel verfiel und sich in das Wäldchen verlocken ließ, dem wurde jene bittere Enttäuschung zuteil, die man erlebt, wenn man dem lockenden Kuckucksruf in den Frühlingswald folgt und dabei hofft, den scheuen, unsichtbaren Sänger zu entdecken. Man läuft in die Irre und findet oft den Heimweg kaum mehr aus dem unbekannten Wald.

Einmal versuchte nun ein nächtlicher Heimkehrer aus Linggenwil, den Geiger mit leisen Schritten zu überlisten. Es war zur Weihnachtszeit, der Schnee lag ziemlich tief. Aber der arme Mann irrte in der Dunkelheit nur im Wald und im benachbarten Ried herum, und erst als in der Morgenfrühe das Angelusläuten von Linggenwil herüberdrang, fand er den Ausweg aus dem Zauberkreis und kam todmüde nach Hause. Als er sich ein wenig ausgeruht hatte, plagte ihn doch die Neugierde und er wollte den nächtlichen Spuk bei Tage enträtseln. Vorsichtigerweise nahm er aber einen Gefährten mit ins Hasenholz. Da sah er mit Staunen im Schnee seine Fußspuren, die einen großen Kreis beschrieben, den er in der Nacht unzählige Male gegangen sein musste; es war ein Kreis, der ihn gefangen gehalten hatte – ähnlich einem jener von Pilzen im Sommerwald bestandenen, sagenhaften Hexenringe. Im Dorfe Linggenwil sprach man noch lange von diesem sichtbaren Beweis von der Existenz des Hasenholzgeigers, denn der Gefährte bestätigte die Aussage des armen Nachtschwärmers.

Oft, wenn dieser später in einer heiligen Nacht dem Geigenspiel aus dem Hasenholz lauschte, musste er sein unruhiges Herz fest im Zaume halten; denn der zauberische Ruf war so lockend wie das Lied der Liebe.

Das versunkene Schloss

Es war einst im thurgauischen Dorfe Schönenbaumgarten, etwas landeinwärts vom Bodensee, ein recht stattliches Schloss. Dieses wurde von einem Ritter bewohnt, der ein gar lasterhaftes Leben führte. Was die Bauern der Gegend in vielen Wochen saurer Arbeit einheimsten, verprasste er mit seinen Freunden und Jagdgenossen in wenigen Tagen. Oh, diese Schlemmerei! Sie füllten ihre Bäuche, bis ihnen übel wurde, derweil die armen Bauern hungern mussten. Was sie nicht mehr mochten, zerstampften sie im Übermut, schmissen es ins Feuer oder auf den Kehricht; manchmal sogar warfen sie das Brot zum Fenster hinaus. Der Herr selbst mit seinem dicken Bauche trieb es am tollsten, und er lud immer zu neuen Festen, auf denen er seiner Fresslust ausgiebig frönen konnte.

So waren sie wieder einmal am Tag eines großen Kirchenfestes zusammengekommen. Sie lärmten und verprassten die letzten Wintervorräte aus den Scheunen der Bauern. Man hörte aus den offenen Fenstern des Schlosses ihre grölenden Gesänge und das Klirren von Scherben, wenn sie, berauscht und übermütig, ein Glas nach einem Diener warfen.

Es ging aber gegen Mitternacht, als unversehens im Westen

über dem Seerücken eine dunkle, unheimliche Gewitterwand mächtig und riesenhaft emporstieg, als wollte sie alles erdrücken. Fahl und bleich hob sich die Burg vom schwarzen Himmel ab. Dann brach ein Unwetter herein, das alle Tiere erschreckt fliehen und verstummen ließ, und in den Bauernhütten beteten die Leute und flehten um Schonung von Haus und Herd.

Als der Morgen graute, standen Höfe und Scheunen unversehrt; aber dort, wo die Burg sich gestern noch erhoben hatte, war nichts mehr zu sehen, kein Balken und kein Stein; nur ein stinkendes, sumpfiges Loch war übrig geblieben. Oh, wie schauerlich war Gottes Strafe.

Der Sumpf blieb, wo er war, doch niemand getraute sich in seine Nähe; denn es hieß, es wäre dort nicht ganz geheuer. Aber einmal, als man die Sage vom versunkenen Schlosse längst vergessen hatte, geschah es, dass ein Bauer von Schönenbaumgarten in der Nähe des Sumpfes seine Kühe weiden ließ. Und da es sehr heiß war, schlief er beim Rauschen der Schilfblätter ein. Da war es ihm, als werde er von unsichtbarer Gewalt auf den Grund des Sumpfes geführt. Oh, wie erschrak er über das, was er sah! Im Rittersaal saßen wie einst die Ritter bei ihrem Schlemmermahl, aber die Sitze, auf denen sie saßen, glühten vom Feuer rot, das Brot, das sie aßen, brannte, der Wein, den sie tranken, war kochend heiß; die Messer und Gabeln, die sie in die Hände nahmen, glühten. Aus den Augen der Ritter aber sprach Entsetzen und aus ihrem Munde kam Schmerzgeheul. Und die Uhr an der Wand zeigte noch die gleiche Stunde wie damals, als das Schloss versunken war.

Abends kehrte der Bauer verstört und schreckensbleich nach Hause und erzählte den andern, was er erlebt hatte. Man lachte ihn aus, und manche tippten sich an die Stirn und sagten: Der Michel ist nicht mehr gescheit. Die guten Leute! Wer weiß, vielleicht hat der Michel doch mehr gesehen als die Neunmalgescheiten, die alles besser wissen wollen.

Hero und Leander am See

An den Ufern des Überlinger Sees, gegenüber der einstigen Burg Hohenfels, steht auf steilem Fels die Ruine der Burg Kargegg. Auf ihr lebte vor vielen Jahren die wunderschöne Tochter eines Edelmannes; die hieß Fortunata und war dem Ritter von Hohenfels in heimlicher Liebe ergeben. Ihr Vater, der von dieser Liebe nichts wissen wollte, ließ sie streng bewachen, sodass der Hohenfelser nur in dunklen, sternlosen Nächten das Fräulein besuchen konnte. Da griffen die beiden Liebenden zu einer List.

An jenen Abenden, an denen das Fräulein allein war, stellte es eine brennende Kerze in sein Fenster; die sollte dem Ritter Zeichen und Wegleuchte sein. Sobald dann der Hohenfelser das Licht aufschimmern sah, schwamm er über den See zu seiner Geliebten – und erst in der Morgendämmerung kehrte er auf dem gleichen Wege wieder zurück.

Lange Zeit ging dieses nächtliche Wagnis gut. Als aber eines Nachts, da der kühne Jüngling wieder zur Kargegg hinüberschwimmen wollte, ein wilder Sturm losbrach, der das Kerzenlicht auslöschte, kämpfte der Hohenfelser vergebens mit den gewaltigen Wogen. Seine Kräfte verließen ihn und er versank unfern der Burg in den tobenden Fluten. Nachdem Fortunata lange Zeit sehnlichst auf ihn gewartet hatte, eilte sie aus ihrem Zimmer hinunter zum Ufer, wo eben die Brandung den Leichnam ihres Geliebten an Land spülte. So nahm sie ihre Liebe und Treue mit ins Grab.

Ihr Geist, so lautet die Sage, wandle noch immer in den Ruinen der Burg. Wer ihn erlöse, erhalte jene wundersamen Schätze, die in den verschütteten Gewölben der Burg vergraben liegen, darunter ein Kegelspiel aus lauterem Gold.

Die Hexensteine bei Lindau

Als die ersten Verbreiter des Christentums am Bodensee werden die Heiligen Columban und Gallus genannt. Ersterer ist der Patron Rorschachs, letzterer der Sankt Gallens.

Als Sankt Gallus einst in der Stille der Nacht am Seeufer stand und seine selbst geknüpften Netze ins Wasser warf, hörte er einen Dämon, der von einem benachbarten Berg herab mit lauter, kreischender Stimme einen anderen Geist, der sich in der Tiefe des Sees aufhielt, mit Namen zu rufen schien.

Vom See hoch antwortete es: »Hier bin ich!«

Da sprach der auf der Höhe: »Wohlan denn, so erhebe dich und hilf mir, auf dass wir jene Fremdlinge vertreiben, die, aus der Ferne daherkommend, meine Bilder im Tempel zerbrochen und das Volk, das mir diente, zu sich abgewandt haben. Auf, lass uns die gemeinsamen Feinde über die Grenze jagen!«

Der im See antwortete: »Wehe uns, du sprichst wahr, das erfahre ich an mir selber! Einer von diesen setzt mir im Wasser zu und verödet meine Reiche; nie vermag ich seine Netze zu zerreißen, noch ihn selbst zu täuschen, weil auf seinen Lippen unaufhörlich die Anrufung des wahren Gottes schwebt.«

Da ermannte sich der heilige Mann, verwahrte sich mit dem Zeichen des Kreuzes, besprach die Teufel in Christi Namen und eilte zu seinem Meister Columban in die Zelle, um zu erzählen, was er gehört hatte.

Dieser rief sogleich die Brüder zusammen, und kaum hatten sie angefangen zu beten und zu lobsingen, als sie auch das grässliche Geschrei der Dämonen vernahmen, die mit verworrenen Klagen über die Berge und den See flüchteten. Eine jener Verscheuchten, eine Hexe, soll in ihrer Bedrängnis in drei großen Sätzen über den See gesprungen sein.

Bei Lindau stehen zwei Steine im See, die beide den Namen »Hexenstein« führen. Der kleinere befindet sich in der Umfassung der Seebadeanstalt nächst der Römerschanze, der andere westlich der Sternschanze – außerhalb der Palisadenreihe –, unweit von der Stelle, wo der Eisenbahndamm die Stadt berührt. Dieser Stein ragt bei niederem Wasserstand drei bis vier Fuß über die Wasserfläche heraus und ist ein beliebter Tummelplatz der Möwen. Besagte Hexe soll nun vom Schweizer Ufer mit einem Schritt zuerst auf den kleineren, mit dem zweiten auf den größeren und mit dem dritten Schritt an Land gesprungen sein. Auf beiden Hexensteinen soll ehedem der Abdruck eines menschlichen Fußes – und zwar mit der Spitze nach der Schwabenseite gekehrt – sehr deutlich zu erkennen gewesen sein.

Das Grab im See

Der junge Erwin von Salenstein war für das Klosterleben bestimmt worden, doch er selbst wollte nicht Mönch werden. Oftmals ging er traurig den Seeweg entlang, tief in Gedanken versunken. Eines Tages begegnete er dabei einem schönen Fischermädchen, und es verging nur wenig Zeit, bis beide einander ihre Liebe gestanden. Nun konnte er erst recht nicht Mönch werden, er hatte seine Braut gefunden und wollte sie heiraten.

Das Mädchen wohnte in einer alten Hütte nahe bei der Burg Gottlieben bei einem Fischer, der das Kind einst von einem adligen Fräulein anvertraut bekommen hatte. Der Herr von Salenstein erfuhr durch den Fischer von der Liebschaft seines Sohnes mit dem Mädchen. Er rief den jungen Mann zu sich und erklärte ihm, dass er das Fischermädchen niemals heiraten könne, da es seine eigene Tochter aus einer unglücklichen Verbindung sei.

Die Mutter habe dem Fischer das Kind einst zur Pflege und Erziehung anvertraut. Dieses Mädchen sei also Erwins leibliche
Schwester. Voller Verzweiflung eilte der Jüngling zur Hütte und
berichtete seiner Liebsten das große Leid. Sie setzten sich ans
Ufer des Sees und beklagten ihr Schicksal. Auf einmal erhebt
sich der See und kommt mit gewaltigem Tosen herbei und holt
die beiden Liebenden in die Tiefe.

Der Riese

Auf der Alp »Altsäss« kam den Sennen ein Melkstuhl, so oft
man ihn auf den Untersäss mitnahm, wieder auf den Obersäss
zurück. Da hieß einst der Senn den Buben den Stuhl vom Ober-

säss herabholen und versprach ihm seine schöne Glockengeiß, wenn's ihm gelänge. Der Bube lief, schlich, wie er oben ankam, zur Hütte, schaute durch einen Spalt hinein und sah auf dem Stuhle einen riesigen Mann am Kessel sitzen und feuern. Furchtlos, wie der Bube war, rannte er in die Hütte, riss den Melkstuhl unter dem Großen weg, welcher rücklings niederstürzte, und lief mit seiner Beute dem Untersäss zu. Statt aber Wort zu halten, lachte ihn der Senn aus. Da kam in der Nacht der Riesige aufs Hüttendach und rief mit schrecklicher Stimme durch die Schindeln hinunter:

> Dem Buben gehört die Glockengeiß!
> Wären aber nit gewesen
> Die Hitz und der Witz
> Und die Beiß – die Glockengeiß
> Wär din geblieben!

Der Geißbub auf der Martinswand

Vor Zeiten dingten die Bauern im Wartau alle Jahre einen Buben aus den Triesner Bergen, damit er ihnen sommersüber am Sankt Martinsberg die Geißen hüte. Mehrere Jahre nacheinander hatten sie den Wisi, den Sohn einer Witwe, zum Geißhirt gewählt, denn er verstand sich vortrefflich auf die Tiere.

Einmal nun, um den ersten Maientag war's, da zog der Wisi mit seiner schellenden, äsenden Schar über Weiden und Schründe und kam unversehens bis auf die Höhe über die Martinswand. Es ging gegen Mittag, die Geißen hatten genug gefressen, jede suchte unter Felsen und neben Steinen ein kühles Plätzchen und legte sich hin, gemächlich wiederkäuend. Nur die Gitzi, die kleinen Zicklein, waren noch munter. Die sprangen und hüpften auf Felsköpfe, putschten gegeneinander oder zupften da und dort noch ein Gräslein ab an Stellen, wo sie kaum hinlangten. Von Zeit zu Zeit, wenn etwa eine Stechfliege oder eine Bremse kam, schüttelten die Geißen den Grind und es erklangen die Schellen und Glöcklein, sonst war es stille und feierlich wie in einer Kirche.

Jetzt stellte sich der Geißhirt zu äußerst auf die Wand hinaus, schwenkte sein Wetterhütchen und jauchzte. Von der Kuppe am gegenüberliegenden Berg schallte es hell zurück. Er jauchzte noch einmal hinüber und von der Kuppe tönte es erneut. Das wird nur der Widerhall sein, dachte er, legte sich ab und äugte scharf gegen die Kuppe; aber es zeigte sich niemand, weder Bub noch Mädchen. Während er so ins Land schaute, entschlief er.

Im Traum kam ihm vor, als träte ein Mädchen vor ihn hin in einem Röcklein aus schneeweißer Seide mit feuerroten Flatterbändern dran. Auf dem Kopf trug es ein Strohhütchen. Das sagte zu ihm, heute sei Chilbi weit fort in einem prächtigen Schloss bei reichen Herren und vornehmen Damen. Es suche nur noch einen Tänzer. »Du wärest mir grad recht. Komm mit mir.« Juhui, jauchzte es, grad wie's von der Kuppe getönt.

Aber der Wisi lachte und sagte: »Du Häxenärrli, was denkst du auch? Ich, mit meinen plätzeten Hosen, den ausgefransten Hemdsärmeln, dem verblichenen Hütlein und ohne Strümpf und Schuh? Zu vornehmen Herren und bildhübschen Damen hast du gesagt? Ha, ha, da könntest du dich blamieren mit mir!«

»Bah, bah, ich staffiere dich schon aus, das ist das Mindeste. Du wirst staunen: Alle haben die gleiche Montur!«

»Aber meine Geißen, meine Geißen. Die Geißvögtin kann toben wie das Unwetter!«

»Oh, das geht sauber und glatt. Ich schicke meinen Knecht in deinen Hösli und deinem Hütchen, die kannst du in der Zeit entbehren, und ich wette, so viel du willst, sie merken nichts. Aber eins sei dir gesagt: Es mag geben, was es will, kein Wörtchen darfst du sagen, kein Wörtchen. Sonst – bhüetis – ist's aus mit der Chilbi. Hast du mich verstanden?«

»Ja, ja«, antwortete der Wisi, »wenn's nur an dem liegt, komme ich schon mit. Mich dünkt, du werdest mich nicht fressen, und schweigen kann ich.«

Jetzt nimmt das Mädchen ein Nastuch hervor, ein schwarzes, breitet's im Gras aus und sagt zum Wisi: »So, jetzt sitz drauf.« Er folgt und das Mädchen streicht mit einem Haselrütchen um ihn herum und brümmelt dazu. Dann sitzt es dem Wisi auf die Hosen und schlingt die Arme um seinen Hals. Dem Geißbub ist's, als bekäme das Nastüchlein Flügel. Im Flug geht es über Vilnas, übers Rheintal, den Bodensee, über Dörfer und Städte, über Felder und Wälder. Bei einem schneeweißen Schloss setzt sie der Fazenettlidrache ab. Von allen Seiten rücken Gäste heran, auf schwarzen Böcken trabten sie daher, auf alten Geißen oder ritten auf Besenstielen und Ofengabeln durch die Luft. Andere kamen als schwarze Katzen, rote Hunde, Füchse oder weiße Hasen. Im Saal oben ertönte schon die Musik, toller und lauter als an einer Hochzeit. Das Mädchen packt den Wisi am Arm und hui, springt's treppauf in den Saal, dass es nicht zu spät komme. Wie es so schräg vor ihm hinaufeilt, sieht er, dass das Mädchen nichts mehr an und bei sich hat als das Strohhütchen.

Wie sie in den Saal treten und er das nackte Volk sieht, schaut er beschämt an sich hinunter und erschrickt: Ja, ja, alle haben sie die gleiche Montur.

Mitten im Saal war eine Art Bühne, etwa zwei Fuß hoch. Darauf stand ein Tisch mit einem großen goldbeschlagenen Buch. Darin mussten sich alle neuen Gäste einschreiben mit ihrem

Blut. Ein großmächtiger Herr in einem schwarzen Mantel und mit einem riesigen Schlapphut auf dem Kopf schaute, dass alle es recht machten. Konnte einer nicht schreiben, so kratzte er mit der Hühnerfeder das Zeichen eines Hahnenfußes und der Große schrieb daneben seinen Namen.

In einer Ecke spielten vier Musikanten auf. Eine solche Weise hatte der Wisi noch nie gehört, es hat ihn grad gelüpft und mitgerissen. Um die Bühne herum wirbelte und tanzte das wilde Volk, Arme und Beine verschlungen, wie außer sich und lachte und jauchzte wie lätz.

Den Wänden entlang standen Tische mit köstlichen Speisen und kühlen Getränken. Der Wisi war hungrig und hätte gern zugegriffen, aber anständig wie er war, wollte er sich erst in dem großen Buch einschreiben. Aber das Mädchen ließ ihn nicht fort, das pressiere nicht halb so, man könne es immer noch machen. »Komm nur, komm, jetzt wollen wir tanzen.« Wie in einer Trülle drehte es ihn wieder in den Ring, sie sprangen und flogen im Wirbel wie die andern alle, bis der Wisi nicht mehr wusste, wo er war. Nach einem Kehr führte ihn das Meitschi aus dem Ring zu den Tischen und reichte ihm selber das Beste dar.

Aber statt Salz streute es ihm »Lauf-mer-nach« drauf, eine tüchtige Messerspitze voll und statt Brot reichte es ihm »Bisch-grad-mi.« Es schenkte ihm auch ein, allpott und grad wieder, aber keinen Wein, sondern Pardiesapfelsaft. Der Wisi hat gegessen und getrunken und bekam je länger desto mehr Hunger und Glust. Er schaute und staunte. Dieses Getümmel und diese Pracht! Und sein Mädchen wie die liebe Sonne. Wenn er auch hätte reden dürfen, er hätte kein Wort hervorgebracht vor Staunen und Schauen.

Nachdem sie gegessen hatten, sprang das Mädchen auf wie ein Blitz: »Komm, komm! Jetzt wollen wir wieder einen Tanz drehen, aber ganz einen tollen Kehr, bis wir nichts mehr wissen von uns und die Welt im Nebel verschwimmt!« Kaum begonnen, musste das Mädchen niesen. Treuherzig sagte der Wisi, wie seine Mutter daheim, wenn er selber niesen musste: »Helf dir Gott!« Da – ein Donnerschlag – alles ist wie weggeblasen. Still ist es wie in einem Grab, und der Wisi erwacht mühsam unter der Martinswand, erfasst noch grad, wie er durch die Äste der mächtigen Tannen auf den Waldboden purzelt. Aber merkwürdig! Das Gesicht hat's ihm gehörig verkratzt und den Haarschopf verstrubbelt, sonst ist kein Knöchli gebrochen, kein Schranz in der Haut. Nur die Hösli waren verrissen.

So saß er im Moos und musste sich besinnen, wie er dahin gekommen und was ihm geträumt. Alles drehte sich ihm noch ringsum, als säße er in einer Trülle. Aber wie auf der Wand oben ein Gitzi zuäußerst am Rand steht, den Hals streckt und meckert, als riefe es der Mutter, da tagete es ihm: »Ja, ja, von dort herunter kam ich, drei Kirchtürme hoch!« Es schauderte ihn. Als hätte er Blei in den Knochen, stieg er durch die holprige Gass hinauf, zurück auf den Martinsberg zu seiner Geißenherde.

Von seinem Traum und seiner Fahrt ins Tal sagte er keinem Menschen ein Wörtlein. Aber wie er im Herbst in die Triesner

Berge zu seiner Mutter heimkam, da hat er ihr alles haargenau gebeichtet. »Herr Jesses, Herr Jesses! Du hast Glück gehabt, ein unerhörtes Glück. Dem Tod entronnen bist du und dem leibhaftigen Teufel auch noch. Dafür solltest du wallfahrten zur Mutter Gottes nach Einsiedeln, in jedem Winter, deiner Lebtag, das wäre sicher nicht zu viel!«

Aber wie es so geht, die Mutter konnte nicht schweigen. Dieser und jener Base erzählte sie es in strengem Vertrauen. Für die einen war der Bub ein Meerwunder, die anderen sagten, es habe ihm alles nur geträumt, die Tüfelschilbi samt der Fahrt über die Martinswand. Über diese Wand hinaus sei er und sei nicht z'Hudle und z'Fätze? Man schaue nur hinüber, das möge glauben, wer wolle.

Das Gerede verdross den Wisi. Er hatte nie gelogen oder irgendetwas größer gemacht, als es gewesen ist. Drum wurmte es ihn, als ihm ein reicher Bauer sagte, wenn das wahr sei, so solle er's beweisen und noch einmal über die Wand hinaus. Komme er heil davon, gäbe er ihm eine Kuh, und zwar das schöne rote Chueli. Der Wisi nahm an.

Am Sonntag drauf gingen sie ins Wartauische hinüber auf den Sankt Martinsberg. Als sie über der Wand standen, hielt ihn der Bauer mit verkrampften Fingern zurück und rief: »Nein, tu's nicht, das heißt Gott versuchen, da muss einer abstürzen!«

Der Wisi lachte und sagte: »Du hast, scheint es, Angst um dein Chueli«, reißt sich los und springt in die Tiefe.

Aber dieses Mal haben ihn die Äste nicht gehalten und getragen, hinunter sauste er wie das Wasser im Rhein. Im Wald unten ein Schrei und ein Widerhall hoch oben in der Kuppe.

Der feurige Fischer auf dem Bodensee

Früher sah man auf dem Bodensee zur Nachtzeit oftmals einen feurigen Mann, den man nur den »feurigen Fischer« nannte. Derselbe lief auf der ganzen Fläche des Sees umher und neckte die Fischer, welche bei Nacht fuhren, und setzte das oft so lange fort, bis sie ihm ein Band oder ein gewobenes Seil zuwarfen und ihm zuriefen: »Fischer, hier hast du ein Bändel!« Dann kam er sogleich ans Schiff, nahm das Bändel oder das Seil und zündete es an. Manchmal soll er gesagt haben: »Solang dies Bändel brennt, solang darf ich ruhen von meinen höllischen Qualen.«

Man hat ihn an allen Orten, die am Bodensee liegen, schon gesehen. Da geschah es dann wohl, dass die Spinnerinnen, die den feurigen Fischer auf dem See erblickten, ihm zuweilen einen lang und dick gesponnenen Faden zum Fenster hinaushielten und ihn riefen. Augenblicklich stand er unter dem Fenster und nahm den Faden, und wenn derselbe recht lang war, so schlug er ein helles Freudengelächter an, begab sich wieder auf den See und zündete den Faden an.

Das Lindauer Ehrenmännlein

Wenn man von Lindau in nordöstlicher Richtung über Reutin, die Staig und das Wannental geht, so kommt man in eine enge Talschlucht, durch welche ein Wasser rinnt, welches weiter unten in Rickenbach ein Mühlrad in Bewegung setzt. Im Volksmund heißt diese Talschlucht »Besereuter Tobel«, weil weiter oben und außerhalb des Waldes das Pfarrdorf Bösenreutin liegt.

Von jenem Bächlein bis auf die Höhe hinauf führt ein gar freundlicher Weg durch das Waldesdunkel über hundert und etliche Stufen. In jenem Tobel nun soll vor Zeiten das Ehremändle, eine Art Wichtelmännchen oder Kobold, sein Wesen getrieben haben.

An schönen Sommertagen pflegte es all seine Schätze und Reichtümer – worunter besonders schöne silberne Löffel und Teller waren – vor seine Behausung zu tragen, sie da zu putzen und förmlich zur Schau zu stellen, ohne sich dabei Ruhe zu gönnen; immer wieder gab es hier oder dort was zu wischen und abzustauben. Wollte man sich ihm nähern, so war im Nu die ganze Bescherung verschwunden. Die Geschäftigkeit dieses Gnomen soll immer lang anhaltends schönes Wetter verheißen haben. Deshalb pflegte man abends nach dem »Heuen« ein Stücklein Brot auf die Türschwelle zu legen und ihm dadurch seinen Dank auszusprechen. Man sah das Ehremändle auch zur Winterszeit nach Einbruch der Dunkelheit nicht ungern in Häusern und Stallungen, da sein Erscheinen immer Glück brachte.

Seit dem Schwedenkriege soll es nicht mehr gesehen worden sein. Auch geht die Sage, dass einige junge Burschen, in der Absicht, das gute Männlein zu necken und herauszulocken, eine lebendige Ente in seine Höhle hineingeworfen haben. Diese sei eine halbe Stunde weiter östlich im Lettenbach flatternd wieder gesehen worden.

Der gute Geist

Dass es nicht nur böse Geister gibt, die die Menschen in der Nacht aufwecken oder gar Schlimmeres verüben, sondern auch gut gesinnte Gespenster, die in mancher Not helfen, erzählt eine

Geschichte aus Triesenberg. Dort machte sich in einem Haus ein Geist bemerkbar, der von vielen nicht gesehen wurde. Aber man hörte seine leisen Schritte, und wenn er vorbeischwebte, war es wie ein leichter Windzug, der kalt über den Nacken zog. Mit einem Geist zusammenzuleben ist ein schwieriges Unterfangen. Die Leute im Haus wurden deshalb nervös, sie fanden keine Ruhe mehr und bekamen zuletzt so eine Angst, dass sie das Haus verließen. Lange Zeit stand das verrufene Gebäude leer, verständlicherweise getraute sich niemand mehr, darin zu wohnen. Bis eines Tages ein Mann, der nur wenig Geld besaß, den Mut aufbrachte, das Haus zu kaufen, denn es war zu einem billigen Preis zu haben und er hätte allzu gerne ein eigenes Heim gehabt. Seine Familie aber bekam es mit der Angst zu tun, die Frau sagte: »Da schlafe ich lieber in einer Scheune«, und auch die Kinder wollten nicht in das Geisterhaus einziehen. Der Mann aber, unerschrocken und weil er wahrscheinlich nicht an Geister glaubte, machte den Kindern und der Frau einen Vorschlag: »Gut, ich schlafe heute allein in dem Hause, dann kann ich euch morgen sagen, ob die Geschichte stimmt oder ob alles nur ein Märchen ist.«

Als es dunkel wurde, trat er in sein Haus. Im Dämmerlicht bemerkte er nun wirklich einen merkwürdigen Schatten auf der Treppe; als er näher trat, sah er doch mit einigem Erstaunen, dass da wahrhaftig ein richtiges Gespenst stand und ihn aus merkwürdigen Augen anstarrte. Ein anderer wäre wahrscheinlich jetzt mit einem Schrei davongerannt, nicht aber dieser Mann. Er trat noch näher an das seltsame Wesen heran und sagte zu ihm: »Ich fürchte mich nicht vor dir« – was auch stimmte, denn er besaß ein ehrliches Herz – »das Haus ist jetzt mein, und ich möchte mit meiner Familie darin wohnen. Meine Leute aber haben Angst vor dir; kannst du mir nicht wenigstens so weit entgegenkommen, dass du dich vor meiner Frau und meinen Kindern unsichtbar machst?«

Der Geist antwortete – wie ein verständiger Mann – mit hohler Stimme: »Ja, das will ich tun.« Er war eben ein gut gesinnter Geist.

Der Familienvater ging friedlich zu Bett, betete, ließ sich von keinem ungewohnten Geräusch beirren und schlief selig bis in den Morgen. Fröhlich ging er zu seiner Familie und sagte ihnen, dass wirklich kein Geist im Hause zu sehen sei, was jetzt ja auch stimmte, und sie könnten ruhig dort wohnen. So zogen sie in das neue Heim ein und bemerkten den Geist tatsächlich nicht, während der Mann ihm immer wieder begegnete. Er tippte dann mit dem Finger an die Stirn, als sagte er ihm heimlich grüß Gott. Mit der Zeit gewöhnte er sich an ihn wie an einen liebenswerten Hausbewohner.

Wie gut es der Geist mit ihm meinte, erlebte er einige Zeit später. Er saß einmal abends im Wirtshaus beim Kartenspiel, als es draußen an das Fenster klopfte. Alle blickten auf und dachten, es sei ein Windstoß, nur der Mann erkannte sofort den Geist, der draußen im Dunkeln schwebte, und eilte vor die Tür. Dort flüsterte ihm der Geist zu: »Komm sofort, dein Haus brennt!« Da eilten beide in gestrecktem Laufe zum Hause, wo eine große Aufregung herrschte. Aber mit vereinten Kräften konnte das Feuer gelöscht werden. So hatte es zum Glück nur geringen Schaden verursacht.

Ein zweites Abenteuer geschah nur kurze Zeit später. Der Vater war im Wald mit Holzhauen beschäftigt, da zupfte ihn jemand an der Schulter. Als er sich umdrehte, stand der Geist vor ihm und sagte: »Komm sofort heim, eine Kuh ist am Ersticken!« Der Mann ließ das Beil fallen, eilte nach Hause und konnte die Kuh gerade noch retten.

Eine dritte Begebenheit aber war die seltsamste dieser Hilfsleistungen des Geistes. Der Mann war verreist. Als er in einer fernen Stadt über eine Straße schritt, schwebte der Geist pötzlich vor ihm her. Der Mann wusste sofort, dass wieder eine Gefahr im Anzug war. »Komm sofort heim«, flüsterte der Geist, »deine Frau ist schwer erkrankt!«

Sie reisten zusammen heim und auf dem Heimweg begann der Geist plötzlich mit heller Stimme zu sprechen: »Du wirst dich gefragt haben, warum ich dir immer geholfen habe. Zu meinen Lebzeiten habe ich bei drei Gelegenheiten armen Leuten nicht geholfen, obwohl ich gut die Möglichkeit dazu gehabt hätte. Da fand ich nach meinem Tode keine Ruhe im Grabe; ich musste warten, bis jemand kam, der sich vor mir nicht fürchtete und dem ich drei Mal helfen konnte. Nun bin ich erlöst, und du, lieber Mann, sollst von nun an ein glückliches Leben haben.« Wie ein Nebelhauch verschwand der Geist. Der Mann trieb sein Reitpferd noch mehr an und fand zu Hause wirklich seine Frau schwer krank im Bett. Ein guter Arzt konnte ihr helfen, und dank der guten Pflege ihrer Familie wurde sie bald wieder gesund.

Der Vater aber saß oft sinnend vor dem Herdfeuer, so, als fehlte ihm etwas. Er dachte an den Hausgeist wie an einen guten Kameraden. Schließlich wusste er jetzt, dass es auch helle und freundliche Lichter im Geisterreich gibt. Und das Glück blieb, wie es ihm der Geist versprochen hatte, seinem Hause treu.

Von Schelmen, Narren und Schlawinern

Christus und Petrus in Lindau

Am späten Abend kamen Christus und Petrus auf ihrer Wanderung nach Lindau am Bodensee, suchten eine Herberge, wurden aber von den Bürgern der Stadt überall abgewiesen. Doch vor der Stadt wohnte ein armer Taglöhner mit seinem Weibe in einem kleinen Häuschen. Diese nahmen die Gäste willig auf, setzten ihnen Speise, wie sie eben versehen waren, vor und bereiteten ihnen auf Stroh ein Nachtlager. Als Christus und Petrus das spärliche Mahl genossen hatten, gaben sie sich den armen Leuten zu erkennen, und der Herr sprach: »Weil ihr so gute Leute seid, so dürft ihr einen Wunsch aussprechen, der wird euch gewährt werden.« Sie besannen sich nicht lange und meinten, wenn sie um ihre Hütte nur ein Gärtchen und dabei ein kleines Gütchen hätten, wie es die reichen Bürger der Stadt im Großen haben! »Euer Wunsch sei gewährt!«, sprach der Herr. Ehe noch die armen Leute aus dem Schlafe erwacht waren, hatten die Gäste ihre Wanderung am frühen Morgen fortgesetzt.

Als der Taglöhner und sein Weib erwachten, war ihr Erstes, sich vor ihrer Haustüre umzusehen. Wie groß war ihr Staunen und ihre Freude, als sie um ihre Hütte einen schönen Garten mit Früchte tragenden Bäumen und dabei Wiesen und Äcker mit schweren Ähren erblickten! Eben kam einer der reichen Bürger vorbei, welchem sie sogleich alles erzählten. Dieser eilte in die Stadt zurück, der Rat versammelte sich und fasste den Beschluss, den göttlichen Wanderern eine Abordnung nachzusenden und den Herrn auch um die Erfüllung eines Wunsches zu bitten. Als die Abgeordneten die Wanderer erreicht hatten, machten sie viele Bücklinge, brachten Entschuldigungen vor und beteuerten, dass sie ihnen gewiss Nachtquartier gegeben haben würden, wenn sie gewusst hätten, wen sie vor sich gehabt hätten. Ihre Gegend sei schön und fruchtbar, wenn sie nur auch Reben hätten! »Sie seien euch gewährt!«, sprach der Herr. Als die Abgeordneten mit vielen Bücklingen ihren Rückweg angetreten hatten, fragte Petrus unwillig: »Herr, wie magst du den groben Kerlen, die uns kein Nachtlager gönnten, Wein wachsen lassen?« Der Herr aber schmunzelte vor sich hin und sprach: »Beruhige dich nur, Peter, und gib dich zufrieden! Ich habe den Lindauern zwar Reben versprochen und so wird ihnen Wein wachsen, aber frage mich nur nicht, was für einer!«

Von der Kraft des Weihwassers

Ein Pfarrer zu Pfullendorf, Gregori Späth mit Namen, predigte vor Zeiten von der Kanzel herab über das Weihwasser: was es für Tugenden und Kräfte habe und wie es selbst, wenn es im guten Glauben auf ein Grab gesprengt werde, die dicksten Steine und alle Tiefen der Erde durchdringe, folglich der Seele, die im Fegfeuer schmachte, zu ihrer Erlösung verhelfe. Nun war aber damals in Pfullendorf ein Bürgermeister, genannt Peter Schorndorf, ein loser Schelm und Schneider seines Zeichens. Der zog seinen großen, breiten Hut, den er zu tragen gewohnt war, nicht ab, wenn in der Kirche das Weihwasser gespendet wurde.

Als dies der Pfarrer des Öfteren bemerkte, sprach er ihn einmal gütlich darum an: Er möge doch der christlichen Lehre und dem Weihwasser die schuldige Ehre erweisen. Auch gäbe es andere Leute, bei denen sein merkwürdiges Betragen großes Ärgernis errege. Darauf zeigte ihm Peter Schorndorf an, dass er solches gar nicht zur Herabsetzung des Weihwassers getan habe, sondern weil er, der Pfarrer, doch immer wieder gepredigt habe, dass das Weihwasser dicke Steine durchdringe und alle Tiefen der Erde bis zum Fegfeuer. Und weil er, der Bürgermeister, seinen Predigten aufs Wort geglaubt habe, darum könnte es nimmer falsch sein, wenn er den breiten, dicken Filzhut aufbehielte, schließlich würde das Weihwasser leichtlich durch den Hut hindurchdringen. Der Pfarrer wusste nicht, was er darauf erwidern sollte; er rieb sich nachdenklich das Kinn und ging schweigend von dannen.

Die Pfullendorfer Stegstrecker

Den Andelsbach bei Pfullendorf musste man lange Zeit durchwaten, weil die Reichsstadt sich mit dem benachbarten Gebietsherrn nicht über den Teil der Kosten einigen konnte, welchen dieser am Stegbau übernehmen sollte. Nachdem man endlich damit im Reinen war, wurde der Steg gebaut, aber, als er fertig, wurde er für zu kurz befunden. Da ließ der Stadtrat ihn ins Wasser legen, um ihn etwas einzuweichen, und nachher an dessen beiden Enden Löcher bohren. An diesen band man Schnüre fest und spannte davor die Spitalpferde, je vier an ein Ende, und trieb die Pferde dann auseinander, in entgegengesetzten Richtungen, um so den Steg in die Länge zu ziehen. Dies hatte aber keinen anderen Erfolg, als dass es den Pfullendorfern den Namen Stegstrecker verschaffte, welchen sie bis jetzt noch nicht verloren haben.

Der gewitzte Bauer

Ich wurde einstmals mit einem Trupp der Götzischen Armee, die damals in Neustadt auf dem Schwarzwald lag, in die Schwabenheit kommandiert, da kriegten wir einen Bauern zu fassen, der uns den Weg am Bodensee weisen musste. Diesen fragten wir zum Spaß, ob er schwedisch oder kaiserisch sei. Er aber dachte bei sich: Sagst du kaiserisch, so geben sich die hier für Schweden aus und räumen dir den Buckel ab; sagst du aber schwedisch, so widerfährt dir's umgekehrt. Also antwortete er, er wisse es nicht. »Schelm«, sagte ein Reiter zu ihm (denn da-

mals waren wenige redliche Leute; die Soldaten nannten die Bauern Schelme, damit sie es hörten – hingegen die Bauern die Soldaten Diebe schalten, wenn sie es nicht hörten), »du wirst doch wissen, wem du zugehörst?«

»Nein, ihr Herren«, antwortete der Bauer, »dies ist ohne Gefahr nicht auszusprechen, es sei denn, ich wäre auf meinem Mist.«

Darauf sagte der Offizier: »Wenn du mir die Wahrheit bekennst und sagst, wie es dir ums Herz ist, so will ich dich gleich deines Weges laufen lassen; wenn nicht, so musst du im Bodensee, neben dem wir eben vorbeiritten, ohn alle Barmherzigkeit ersaufen.«

Der Bauer antwortete: »Ich habe mein Lebtag gehört, ein ehrlicher Adelsmann (wie ich Euch für einen ansehe) hält sein Wort. Darum will ich ebenso umso mehr auf solche Parolen die Wahrheit sagen (wenn ich deren nur sicher bin), als stillzuschweigen oder gar im See zu liegen und zu versaufen«.

»Ein Schelm ist, wer sein Wort nicht hält«, antwortete der Offizier.

Da sagte der Bauer: »Es bleibt dabei; was aber meine Affektion anbelangt, so wollte ich wünschen, die kaiserischen Soldaten wären eine Milchsuppe so groß wie dieser See, und die schwedischen wären die Brocken darin. Alsdann möchte der Teufel sie miteinander auffressen.«

Das gab bei uns ein Gelächter – und dem Bauern wieder die Freiheit.

Der Ochs am Bodensee

In Oberschwaben fütterten die Bauern ehedem ihre Ochsen dergestalt, dass sie eine ungeheure Größe erreichten. Da behagte es einmal einem solchen Ochsen nicht mehr in seinem Stalle; er brach aus und lief fort, bis er an den Bodensee kam. Da stutzte er eine Weile, besann sich aber nicht lange, sondern spazierte in das Wasser hinein und nahm bei jedem Schritt einen Schluck zu sich, und das ging so fort, bis er durch den ganzen See hindurchgegangen war und er auf der andern Seite am Schweizer Ufer wieder herauskam. So hatte er nebenbei im Gehen den ganzen See ausgetrunken. Nun dachte der Ochs, er wolle sich doch auch die Schweiz ein wenig ansehen, und ging hinein. Wie er nun einmal still stand und sich die fernen Berge ansah, kam ein mächtiger Vogel und setzte sich auf das eine Horn des Ochsen. Nach einer Weile schüttelte der Ochs ein wenig seinen Kopf, worauf der Adler fortflog und sich auf das andere Horn setzen wollte. Bis er dies aber erreichte, brauchte er nicht weniger als zwei volle Stunden. Da kann man sich wohl denken, was das für ein großer Ochs gewesen sein muss.

Die Stockacher Narrenzunft

In der Stadt Stockach blüht seit alters her eine fürstlich gestiftete und sonderrechtlich verbriefte Narrenzunft mit einem hohen grobgünstigen Narrengericht, über deren Entstehung uns die Überlieferung Folgendes berichtet:

Bei seinem Kriegszug gegen die Schweizer hielt Erzherzog Leopold von Österreich, ehe er mit Ross und Reisigen zum Angriff überging, einen Kriegsrat ab, wie er den Schweizern ins Land falle solle. Nun hatte der Erzherzog aber einen »kurzwilligen« Narren, der hieß »Kuony von Stocken«. Der war stets um ihn und auch dabei, als er seinen Plan ausheckte. Nachdem Leopold mit seinen Kriegsobersten lange genug beraten hatte, wandte er sich scherzweise an seinen Hofnarren mit der Frage: »Kuony, wie g'fallt dir die Sach?«

Der Narr schüttelte nachdenklich den Kopf, dass die Schellenkappe hell erklang, und gab zur Antwort: »Euer Rat g'fallt mir nit; denn ihr ratet alle, wie wir in das Land Schweiz wollen kommen, aber euer keiner hat geraten, wie wir wieder heraus wollen kommen.«

Der unglückliche Ausgang des Feldzuges gab dem klugen Wort Hans Kuonys recht: Erzherzog Leopold wurde in der Schlacht bei Morgarten geschlagen, sein bisher unbesiegtes Heer in einem Engpass von den schweizerischen Bauern eingeschlossen. Da erinnerte sich Leopold der tiefsinnigen Rede seines Hofnarren und versprach ihm dafür die Erfüllung eines besonderen Wunsches. Also erbat sich Kuony das Vorrecht zur Gründung einer Narrenzunft und zur jährlichen Abhaltung eines Narrengerichts in seiner Vaterstadt Stockach. Es wurde ihm von Leopold gewährt und später von Erzherzog Albrecht auch urkundlich bestätigt.

Das Nesselwanger Bergrücken

Die Bewohner von Nesselwangen wollten einst den so genannten »Biblis«, einen vor dem Ort liegenden Hügel, mit starken Winden wegheben und etwas weiter gegen den Schnorrenberg verlegen, um eine bessere Aussicht in die Überlinger Gegend zu haben. Sie ließen sich also durch nichts verdrießen und machten sich ohne zu säumen ans Werk. Um indes zu prüfen, ob sich der Biblis bei den Hebungsarbeiten auch bewege, legten sie – klug, wie sie waren – einen Mantel hinter den Berg. Während nun die wackeren Männer vorn am Heben und Schieben waren, kam ein Handwerksbursche des Weges und stahl den Mantel. Als sie daher nach einiger Zeit wieder hinter den Berg liefen, um nachzusehen, ob er schon vorgerückt sei, da sahen sie, dass der Mantel nicht mehr da war, und glaubten wirklich, der Biblis habe ihn zugedeckt. Dergestalt arbeiteten sie also weiter an der Verschiebung des Berges – und wenn sie nicht zu arbeiten aufgehört haben, so heben und schieben sie heute noch.

Es wird auch erzählt, dass die Buchhorner einst eine neu gebaute Kirche, die nicht genau auf dem dafür vorgesehenen Platz stand, auf diese Art verschieben wollten.

Sankt Petrus und der Schmied

Im Himmel ist Sankt Petrus für die Pforte zuständig. Einmal kam er dort mit einem Schmiedegesellen in große Verlegenheit. Dieser tappte als Bruder Allweillustig in der Welt herum und machte immer Schnurren und Streiche. Und so kam er einmal ganz unversehens in den Himmel. Petrus aber kannte ihn wohl und jagte ihn mit den Worten von dannen: »Du gehörst in die Zechstube beim Schwarzen unten!« Der Schmiedgeselle trollte sich fort und klopfte beim Teufel am Höllentor an. Als dieser durchs Gitter sah, erkannte er den Gesellen alsbald als jenen, der einst bei dem groben Meister in Arbeit gestanden, welcher den Teufel einmal in einen Sack gelockt und ihn mit seinen Gesellen gründlich durchgewalkt hatte. Der Teufel schlug den Laden zu und schrie: »Mach, dass du fortkommst. Meintwegen zu denen im Himmel!«

Nun ging der Geselle wieder zu Sankt Petrus zurück und bat ihn, doch zu erlauben, dass er einen Blick in den Himmel tun dürfe. Petrus ließ sich erweichen, aber der Bruder Lustig warf seinen Ranzen in den Himmel hinein und setzte sich schnell auf ihn drauf. Sankt Petrus rief, so sei das nicht gemeint gewesen und der Geselle möge sich hinwegscheren. Dieser aber ging nicht von der Stelle, indes er behauptete, auf seinem Eigentum zu sitzen. Da konnte Sankt Petrus nichts machen, und so blieb der pfiffige Schmiedgeselle im Himmel.

Der Besuch des Kaisers

Als Kaiser Sigismund aus Anlass des großen Konzils in Konstanz weilte, beschloss er, auch seine Stadt Buchhorn, das heutige Friedrichshafen, mit einem Besuch zu erfreuen. Er tat seine Absicht durch einen Boten kund. Darüber gerieten der Bürgermeister und sein Rat in nicht geringe Aufregung, und sie gedachten, den Kaiser mit einem großen Festmahl zu erfreuen.

Im Rathaussaal bereiteten die Buchhorner dem Kaiser das Mahl. Dabei hatte wohl jeder der Gäste einen besonderen Löffel, aber keiner einen Teller, denn man aß nach guter alter Sitte aus einer gemeinsamen, großen Schüssel. Der Schüssel zunächst saß der Kaiser und vor ihm schwammen lauter große Brocken weißen Brotes, während für die übrigen Gäste raues Schwarzbrot in die Suppe gebrockt war. Da geriet nun der Kaiser mit dem Löffel über seine Grenze hinaus und erwischte einen Brocken Schwarzbrot. Gar höflich klopfte ihm der Bürgermeister auf die Finger und sagte: »Nit da, nit da! Das ist für Bürgermeister und Rat!«

Der witzigste von den Ratsherrn war ausersehen, dem Kaiser die Stadt und ihre Sehenswürdigkeiten zu zeigen und überhaupt ihn zu unterhalten. Nachdem nun die Mahlzeit beendet war, schob der Kaiser ein Fenster des Saales zurück und sah hinaus, um die frische Luft und die Aussicht zu genießen. Sofort stürzte der Ratsherr zum benachbarten Fenster, streckte seinen Kopf ebenfalls hinaus und nach einigem Besinnen und Naserümpfen rief er zum Kaiser hinüber: »Wir kummet schlecht Wetter über, d' Hüsle schmöcke so!«

Die geborgenen Glocken

Im Dreißigjährigen Krieg kamen die Schweden auch nach Oberschwaben und erfüllten Stadt und Land mit Mord, Raub und Brand. Als nun in Buchhorn von Ravensburg her die Nachricht vom Anrücken der Feinde eintraf, wurde sofort der Rat zusammengerufen, um zu beschließen, was zu tun sei. Da meinte ein Ratsherr: »Wir lassen den Schweden net herein. Vom See her kann er net in die Stadt. Die Ravensburger Straß wird gesperrt, und das Betreten der Felder ist ja verboten.«

Indes glaubten nicht alle, dass die Schweden sich um das Verbot viel kümmern würden. Und so dachte man daran, wie die Habe der Stadt gerettet werden könnte. Auch war bekannt, dass die Feinde es namentlich auf die Kirchenglocken abgesehen hatten, weil daraus Kanonen gegossen werden konnten. Es wurde also des Weiteren beratschlagt, wie man die Glocken vor den Schweden verbergen könnte. Am besten fand man den Vorschlag eines Ratsherrn, die Glocken im See zu versenken.

Gesagt, getan! Man ruderte die Glocken hinaus, und bald verbarg die blaue Tiefe das teure Gut jedem habsüchtigen Blick. Schon wollte man zurückfahren, da erhob sich Zweifel, ob man die Stelle, wo die Glocken liegen, auch wieder finden werde. Aber auch hier war der Ratsherr nicht verlegen. Schnell zog er sein Messer aus der Tasche, machte einen Schnitt in die blaue glatte Fläche des Wassers, einen zweiten in die Wand des Schiffes und sagte: »Da, wo die beiden Schnitte aufeinander passen, da liegen die Glocken!«

Die Erlaubnis zu sterben

In der ersten Hälfte des 16. Jahrhunderts lebte zu Bambergen, einem damals der Stadt Überlingen gehörenden Hofe, ein sonderbarer Mann. Unter den Eigenheiten, welche er an sich hatte, war auch diese, dass er sich manchmal scherzweise tot stellte, also den Atem unterdrückte, keinen Laut von sich gab und keine Spur von Bewegung vermerken ließ. Dies führte er öfters aus, um ein kleines Geschenk oder Nachlass der Zeche im Wirtshaus zu erhalten. Wie die regierenden Herren in Überlingen hiervon Anzeige bekamen, äußerten sie ihr Missfallen über dieses Benehmen und gaben dem Mann unter Androhung einer Strafe von vielen Talern auf, sich zukünftig solchen Unwesens zu enthalten und mit dem Tode keinen Scherz zu treiben. Der Mensch kam diesem Befehl nach und unterließ das Gaukelspiel.

Einige Jahre später wurde er nun gefährlich krank, sodass er selbst fühlte, es werde diesmal ernst. Er schickte deshalb zum Stadtrat nach Überlingen und ließ daselbst vortragen: Da er diesmal mit dem Tode keinen Scherz treibe, sondern umgekehrt der Tod mit ihm Ernst machen werde, bitte er, das ergangene Verbot aufzuheben und ihm gnädigst zu erlauben, sterben zu dürfen. Das hat der Rat, gleichwohl mit etwas Verwundern, denn auch getan.

Die Kuhglocke

Einst erwarteten die Radolfzeller hohen geistlichen Besuch. Sie stellten also zwei Wächter auf den Kirchturm, die nach den geistlichen Herren auslugen mussten. Es sollte nämlich mit allen Glocken geläutet werden, sobald die Erwarteten in Sicht wären.

Kaum hatten sich die beiden Ausgucker auf dem Turm aufgestellt, als plötzlich einer von ihnen aus Leibeskräften schrie: »Sie kommen, sie kommen! Ich seh schon ein Chorhemd.« Da begann man die Glocken anzuziehen, dass es nur so tönte und schallte. Nach einer guten Weile jedoch stellten die beiden Türmer fest, dass auf der Landstraße nirgendwo ein Chorhemd zu sehen war. Nur eine buntscheckige Kuhherde näherte sich langsam der Stadt, indes die Glöckner an den Glockenseilen eifrig weiterzogen. Ja, sie läuteten sogar mit solcher Macht, dass plötzlich eine der Glocken einen Sprung bekam. Inzwischen war es offenbar geworden, dass man eine gescheckte Kuh für ein Chorhemd angesehen hatte. Darum hörte man bald zu läuten auf. Die gesprungene Glocke aber, die nur noch einen wimmernden Klang vernehmen ließ, nennt man im Volksmund: die Kuhglocke.

Der mutige Bursch im Beinhaus

In einem Wirtshaus saßen noch spät einige Zecher in feuchtfröhlicher Stimmung beisammen. Um Mitternacht wettete ein Bursche, dass er sich getraue, zur Stunde einen Totenkopf aus dem Beinhaus zu holen und auch wieder zurückzutragen. Die andern gingen auf die Wette ein. Einer der Kameraden machte sich aber heimlich gleichfalls davon und versteckte sich in der Totenkapelle, um den Freund recht zu erschrecken. Als nun der Bursche in die Kapelle kam, zu den Totenköpfen hintrat und einen fortnehmen wollte, rief eine Stimme: »Lass mir meinen Kopf da!« Jetzt fasste der Bursch einen andern Totenkopf, darauf tönte es abermals: »Lass mir meinen Kopf da!«

»Halt's Maul, du host nit zwoa Kepf!«, war die lakonische Erwiderung, und der Bursche ging mit dem Totenkopf fort.

Die Eisschreiber

Als in einem sehr kalten Winter der Bodensee zugefroren war, schrieben die Konstanzer dieses Ereignis, um es der Nachwelt kund zu tun, in die Eisdecke des Sees ein. Doch als sie im Frühjahr dies den Fremden zeigen wollten, war das Ganze zu Wasser geworden.

Dasselbe sagt man aber auch den Überlingern und den Lindauern nach.

Schlafende Nachtwächter

Als im Jahre 1777 Kaiser Joseph II. auf seiner Rückreise von Paris auch die vorderösterreichische Landstadt Konstanz besuchte, ließ sich der leutselige Herrscher durch die Straßen und Gassen der Stadt führen. Da gewahrte er auf den verschiedenen Plätzen die kleinen hölzernen Wachthäuschen der städtischen Nachtwächter. Er frug nach ihrem Zweck und erhielt die unbefangene Antwort: »Das sind die Häuslein, in denen unsere Nachtwächter schlafen.«

Worauf der Kaiser lachend erwiderte: »So! Schlafen bei euch die Nachtwächter? Bei uns wachen sie!«

Das Schneekind

Ein Konstanzer Kaufmann kam nach zweijähriger Fahrt übers Meer in die Heimat zurück und fand – völlig unerwartet – auf dem Arme seiner Frau einen kleinen Erben. Sie erzählte dem erstaunten Gemahl, dass sie einst in den Alpen ihren Durst mit Schnee gestillt habe und davon fruchtbar geworden sei. Nach Jahren machte der Kaufmann wieder eine Seefahrt und nahm den Knaben mit sich. Jenseits des Meeres ließ er ihn bei einem Händler. Nach seiner Rückkehr berichtete er seiner Frau, sie seien durch den Sturm auf eine Sandbank geworfen worden und hier habe die Sonne so heftig gebrannt, dass der Schneesohn geschmolzen sei.

Der fahrende Schüler und die Müllerin

Ein fahrender Schüler kam eines Abends im Winter noch spät zu einer Mühle und bat die Müllerin, sie möge ihm um Gotteslohn Herberge geben. Der Müllerin war er aber gar nicht willkommen, denn sie hatte den Pfaffen zum Nachtmahl geladen, und das brauchte niemand weiter zu wissen außer ihrer Magd. Darum schlug sie dem Schüler seine Bitte ab und ließ ihn stehen, wo er stand. Nun zog sich aber das Dach der Mühle fast bis zur Erde herunter, und hier verkroch sich nun der Schüler, so gut er konnte, damit er wenigstens nicht erfrieren musste. Wie er sich an die Hauswand schmiegte, konnte er durch ein Fenster darüber alles hören, was die Müllerin und ihr Gast miteinander sprachen. Derweilen kam der Müller unerwartet von seiner Reise zurück, und die Müllerin hörte ihn draußen von seinem Pferd absitzen. »Hurtig, Kätchen«, sagte sie zu ihrer Magd, »mein Mann ist schon wieder da. Gib den Fisch in die Truhe und den Hahn in den Ofen, und mein lieber Gast verschwindet derweil im Ern hinter dem Fass unter der Treppe. Wenn mein Mann schlafen gegangen ist, dann wollen wir weiter unsere Freude haben.«

Das alles merkte sich der Schüler gut. Und wie der Müller sein Ross in den Stall führen wollte, kam er aus seinem Versteck

hervor. Er wäre ein fahrender Schüler, sagte er, und hätte um Herberge gebeten, aber die Müllerin hätte ihn nicht ins Haus nehmen wollen. Da wäre er hier unter das Dach gekrochen, weil er sonst hätte erfrieren müssen. Das erbarmte den Müller und er nahm den Jungen mit in die Stube. Nun musste die Müllerin noch eine Kanne Wein aus dem Keller holen, und als diese ausgetrunken war, noch eine, weil der Schüler dem Müller ein so lieber Gast war.

Was er denn auf der hohen Schule alles studiert habe, fragte dieser und schenkte nach. »So allerlei«, sagte der Schüler, »denn ich bin weit herumgekommen.«

»Am Ende auch ein bisschen von der schwarzen Kunst?«, fragte der Müller.

»Das müsst Ihr mir angesehen haben«, erwiderte der Schüler, »denn ich habe mich auch in diesem Fach einigermaßen umgetan und weiß wohl, was sie vermag.«

»Alle Hagel«, sprach der Müller, »da möchte ich für mein Leben gern ein paar Stückchen sehen. Es müsste ja nicht gleich etwas zum Erschrecken sein.« Der Schüler wollte nicht recht an die Sache heran, doch als der Müller nicht abließ, ihn zu drängen, und fleißig nachschenkte, willigte er ein.

»Beispielsweise könnte ich ja den Tisch hier noch einmal ordentlich decken lassen«, sagte er und zog ein Stück Kreide aus der Tasche, mit dem er allerhand Zeichen auf die Platte malte. »Kätchen«, rief er dann und klatschte in die Hände, »zuerst bringst du uns jetzt einmal einen schönen gespickten Hecht. Ich hab ihn in die Truhe gezaubert. Danach zwei gebratene Hahnen aus dem Ofenrohr. Den Wein vom allerbesten Fass habe ich auch nicht vergessen.« Dem guten Müller traten die Augen aus dem Kopf, als die Magd und die Müllerin auch sogleich auftischten, was der Schüler ihnen befahl, aber zu essen traute er sich erst, als der Schwarzkünstler es ihm gehörig vormachte. Noch besser aber mundete ihm sein Wein aus dem besten Fass, von dem er sich sonst nur alle Feiertage einen Schluck vergönnte. So gut mundete er ihm, dass er nun auch noch ein anderes Stück der schwarzen Kunst zu sehen begehrte. »Den Teufel«, sagte er, »den hätte ich mir doch gerne einmal aus der Nähe angeguckt. Ob du uns den nicht in die Stube schaffen könntest?«

»Der Teufel ist einfach«, sagte der Schüler, »der wartet nur darauf. Ich müsste nur noch wissen, in welcher Gestalt er sich zeigen soll.«

»Je nun«, sagte der Müller, »nicht allzu grässlich, wenn das zu machen wäre.«

»Wohlan«, sagte der Student, »dann werde ich ihn Euch in der Gestalt Eures Pfarrers vorführen.« Damit begab er sich hinaus in den Flur, wo das geistliche Herrlein noch immer hinter seinem Fass unter der Treppe kauerte. Er brauche sich nicht zu fürchten, sagte er zu ihm, weder vor ihm noch vor dem Müller, und von der Frau Müllerin werde er ja ohnehin nichts Übles erwarten. Und dann erklärte er ihm, was er zu tun habe. Wenn er sich aber sträube, so könne es ihm an den Kragen gehen. Da mochte dieser sich nicht lange weigern und trat mit dem Schüler in die Stube und ließ sich für den Teufel ansehen. Danach schlich er, stumm wie er hereingekommen, wieder in den Ern hinaus und nahm noch einmal seinen Platz hinter dem Fass ein.

»Beim Herrgott«, sagte der Müller hinter ihm her, »nun habe ich doch meiner Lebtage keinen Teufel gesehen, der unserem Pfarrer so aufs Haar gleicht wie dieser schwarze Geist. Es hat mich doch recht müde gemacht.« Damit nahm er ein Licht vom Tisch und begab sich in seine Kammer hinauf, um zu schlafen. Für den Schwarzkünstler aber und den Teufel und die Müllerin und auch für Kätchen, die Magd, begann eine lustige Nacht, und ehe der Morgen graute, hatte auch der Schüler noch ein warmes Bett gefunden.

Das Füllen

Ein Bauer in Schwaben war so arm geworden, dass er nicht einmal mehr eine Ziege oder ein paar Hühner sein Eigen nennen konnte. Darum musste er im Tagelohn arbeiten. Wenn die Nachbarn mit Ross und Karren in den Wald fuhren, um das Winterholz einzubringen, blieb ihm nichts anderes übrig, als es des Sonntags mit seiner Frau auf dem Buckel heimzuschleppen. »Was sollen wir nur machen?«, sprach er zu ihr. »Ich arbeite mich krumm für das bisschen Tagelohn und des Sonntags rackern wir uns im Walde ab, aber es will doch nichts mehr werden mit uns.«

»Leider Gottes«, gab sie ihm Recht, »aber wie sollten wir es wohl ändern, mein lieber Mann.«

»Ich müsste doch einmal mit unsern Gevattern reden«, meinte er, »vielleicht geben sie uns ein paar Gulden auf Borg.«

»In Gottes Namen, versuche es«, antwortete die Frau.

Weiter sprach er: »Und wenn wir uns dann beispielsweise eine junge Stute kaufen – ich will sie ja gerne mit meiner Hände Arbeit abbezahlen –, dann könnten wir auch ins Holz fahren wie andere Leute.«

»Lieber Himmel, wäre das schön!«, rief sie und klatschte in die Hände.

»Und übers Jahr«, fuhr er fort, »bringt uns die Stute ein Füllen. Das ziehen wir auf, und dann haben wir auch Rosse wie unsere Nachbarn.«

Nun hatten die beiden einen Knaben von acht Jahren, der hatte ihnen zugehört. »Ei, lieber Vater«, rief das Kind, »dann will ich auf dem Füllen auch reiten.«

Da geriet der Mann in einen großen Zorn. »Dass dich das Wetter erschlage«, schrie er, »das könnte dir so gefallen, unserem Füllen den Rücken einzurammeln mit deinem verfluchten Reiten!«, packte den Bub bei den Haaren und begann auf ihn einzuschlagen. Das aber mochte seine Frau nicht mit ansehen, sie warf sich dazwischen und riss ihn von dem Knaben fort. Aber der Mann nahm stattdessen nun sie beim Kragen; doch sie wehrte sich so lange mit Nägeln und Zähnen, bis ihnen beiden der Atem ausging, und sie mussten voneinander ablassen.

»O weh, mein lieber Mann«, jammerte sie, »wir haben ja noch gar kein Füllen.«

»Noch nicht einmal eine Stute, meine liebe Gretel«, lenkte er ein und wischte sich das Blut von der Nase, »und wie ich meine Gevattern kenne, werden sie mir das Geld auch nicht geben. Nun sage mir einer, warum wir uns so geprügelt haben!«

Der Heiratswunsch der Witwe

Es war eine Witwe, eine fromme, etwas einfältige Bauersfrau. Da ihr verstorbener Mann ihr einen schönen Bauernhof und auch einen Batzen Geld hinterlassen hatte, fehlte es ihr nicht an Freiern. Sie konnte sich jedoch nicht dazu durchringen, wieder zu heiraten. Eines Tages aber kam ein Knecht auf den Hof, ein sehr ansehliches Mannsbild. Da bekam sie doch Heiratsgelüste, und auch der Knecht Wendelin war nicht abgeneigt. So beschloss die Bäuerin, der Mutter Gottes ihr Anliegen vorzutragen und sie um ein Zeichen zu bitten.

Am Nachmittag, als sie wusste, dass in der Kirche niemand war, betete sie vor dem Marienaltar: »Ach, liebe Gottesmutter, gib mir doch ein Zeichen, ob ich den Knecht Wendelin heiraten soll. Aber recht wär es mir schon, wenn du ja sagen würdest.« Doch die Mutter Gottes lächelte still vor sich hin, und auch das Jesuskind auf ihrem Arm regte sich nicht. Der Messner aber, der ein Schalk war, hatte in der Sakristei alles mit angehört. Er war sicher, dass sie am nächsten Tag wiederkommen würde, und so brachte er am Kopf des Jesuskindes heimlich eine Schnur an. Am nächs-

ten Nachmittag ver-
steckte er sich hinter
dem Altar. Richtig, die
Bäuerin kam noch ein-
mal in die Kirche.
Und wieder betete sie:
»Ach, liebe Gottes-
mutter, gib mir doch
ein Zeichen, ob ich
den Knecht Wendelin
heiraten soll. Aber
recht wär es mir
schon, wenn du ja sa-
gen würdest.« Da war
es ihr, als ob das Jesus-
kind auf dem Arme
der Maria langsam den
Kopf drehte, als wolle
es sagen, dass es mit

der Heirat gar nicht einverstanden wäre. Die Frau dachte, sie
habe sich getäuscht, und brachte noch einmal ihre Bitte vor. Aber
siehe da, wieder schüttelte das Jesuskind den Kopf und diesmal
deutlicher als zuvor.

Da sie aber ihrem Heiratswunsch nicht entsagen wollte, wurde sie sehr böse und rief zornig: »Was geht dich Fürwitz es an,
wenn ich mit deiner Mutter red. Wenn es nur der recht ist.« Und
sie ging heim, heiratete den Knecht Wendelin und die Mutter
Gottes hatte nichts dagegen.

Der schwäbische Riese Einheer

Zu Zeiten Karls des Großen lebte ein gewaltiger Riese, der unter dem Kaiser diente und Einheer hieß – also einer, der allein so viel ist wie ein ganzes Heer. Der Riese stammte aus dem Thurgau, aus einem Landstrich, der ehedem zu Schwaben gehörte. Durch Flüsse, über die keine Brücken geschlagen waren, watete er zu Fuß, zog sein Pferd hinter sich her, und wenn's ihm nicht folgen wollte, sagte er im Scherz zu ihm: »So wahr mir Gott helfe! Gesell, du musst mir folgen auch wider deinen Willen.« In den Kriegen Karls des Großen wider die Wenden und Hunnen mähte er mit seinem Degen die Leute wie Gras nieder, hing sie an seinen Spieß und trug sie wie kleine Vögel auf seiner Schulter. Und wenn ihn dann, als er heimgekehrt war, die Leute nach ihrer Gewohnheit fragten, was doch die Feinde für Leute seien und was man im Kriege wider sie ausgerichtet habe, so sagte er voll Unwillen: »Was soll ich von den Fröschlein sagen? Ich habe oft ihrer sieben, bisweilen auch mehrere an meinen

Spieß wie an einen Bratspieß gesteckt und auf der Achsel getragen, dass sie quakten, weiß nicht wie. Es war nicht der Mühe wert, dass unser Kaiser mit so großen Unkosten wider solche Würmlein einen Feldzug unternommen. Man hätte das viel leichter und billiger ausmachen können.«

Der schwäbische Heiland

Als die Überlinger die Heldentat des Seehasen, ihres Landsmannes unter den sieben Schwaben, vernommen, beschlossen sie einmütig, eine fromme Stiftung zu machen, und erbauten eine Feldkapelle am See. Hier wurde zum ewigen Angedenken der Spieß der sieben Schwaben aufgehängt. Die Kapelle aber war dem Erlöser geweiht und ein Bildschnitzer bekam den Auftrag, einen schönen Herrgott aus Holz zu verfertigen, sieben Fuß hoch. Das tat dieser und schrieb mit goldenen Buchstaben unter die Figur: »Heiland der Welt«. Aber die Überlinger wollten die Inschrift nicht gutheißen und behaupteten, dass der liebe Herrgott, da er einst den sieben Schwaben bei ihren Ängsten und Nöten geholfen hätte, der schwäbische Heiland genannt werden müsse. Und so geschah es dann auch.

Der Seehas baute sich sogleich eine Hütte neben das Kirchlein und wurde Klausner. Und es kamen viele Pilger, welchen der Klausner die Abenteuer der sieben Schwaben ausführlich erzählte, weshalb bis heute in der Welt davon berichtet wird. Der schwäbische Heiland war zu jener Zeit so weit und breit berühmt wie der große Herrgott in Schaffhausen. Im Dreißigjährigen Krieg ist die Kapelle leider zerstört worden und die Schweden haben das Bärenfell, das Siegeszeichen der sieben Schwaben, mitgenommen. Vom echten schwäbischen Heiland existieren nur noch Kopien, gleich in Größe, Gestalt und Farbe, so beispielsweise im alten Kirchlein zu Honstetten, fünf Stunden westlich von Überlingen.

Die sieben Schwaben
in der Schweiz

Es gingen einmal sieben Schwaben, sechs Gemeinderäte mit dem Schultheiß an der Spitze, über das Schwäbische Meer in die Schweiz. Ob zur Wallfahrt oder um des Vergnügens willen, weiß man nicht. Sie hatten aber, schon bevor sie losgingen, gewaltigen Respekt vor den Wassern des Schwäbischen Meeres. So sehr, dass sie im Thurgau vor einem blühenden Flachsacker standen und die wogende blaue Fläche abermals für ein Meer hielten. Da die Blüte betaut und das Wasser so nass war, die sieben aber um jeden Preis weiterkommen wollten, berieten sie, was zu tun sei.

Da entschlossen sich alle sieben heldenmütig, mit dem Schultheiß voran, das Meer zu durchschwimmen. Nach unsäglicher Mühe und Anstrengung waren die sieben jenseits der Flachsbreite angekommen und zählten ab, ob sie noch ihrer sieben und nicht etwa einer ertrunken sei. Wie es sich geziemte, nahm die Zählung der Schultheiß vor, und wohl wissend, welch hohen Stand er einnahm, begann er zu zählen: »Jetzt, Schulthess ben i du wärst der airscht, du der zwoit, du der dritt, du der viert, du der fenft, du der sechst.« Und fertig war er, brachte so aber nur sechse heraus. Zu ihrem großen Entsetzen fehlte also einer.

Jetzt aber kam ein Handwerksbursche an den ratlosen Gemeinderäten vorbei und fragte, was sie hinter dem Ohr zu kratzen hätten. Da eröffneten sie ihm ihre Not. Nun lag nebenan auf dem Weg ein frischer Kuhfladen, und der Bursche riet den sieben, sie sollten alle der Reihe nach, mit dem Schultheißen an der Spitze, ihre Nase in diesen Fladen stoßen und nachher abzählen, wie viel Löcher es wären. Siehe da, es fanden sich sieben Nasenspuren im Fladen. Und so zogen die sieben getrost weiter.

Quellenverzeichnis

Der junge Graf, der in die Unterwelt kam
Adolf Dörler: Sagen und Märchen aus Vorarlberg. In: Zeitschrift für Österreichische Volkskunde XIV. Wien 1908.

Hans Öfeli-Chächeli
Otto Henne-Am-Rhyn: Die deutsche Volkssage. Leipzig 1874.

Die drei Proben
Adolf Dörler: Sagen und Märchen aus Vorarlberg. In: Zeitschrift für Österreichische Volkskunde XIV. Wien 1908.

Das Nebelmännle
Ernst Meier: Deutsche Volksmärchen aus Schwaben. Stuttgart 1852.

Die Wichtelmännchen im Thurgau
Dino Larese: Thurgauer Sagen. Basel o. J.

Der Rotkopf
Franz Josef Vonbun: Die Sagen Vorarlbergs. Innsbruck 1889.

Der Wundervogel
Adolf Dörler: Sagen und Märchen aus Vorarlberg. In: Zeitschrift für Österreichische Volkskunde XIV. Wien 1908.

Der Arme und der Reiche
Karl Reiser: Sagen, Gebräuche und Sprichwörter des Allgäus, Band I. Kempten 1895.

Das Fräulein von der Ruckburg
Rudolf Kapf: Schwäbische Sagen. Jena 1926.

Der hartherzige Graf
Adolf Dörler: Sagen und Märchen aus Vorarlberg. In: Zeitschrift für Österreichische Volkskunde XIV. Wien 1908.

Tannhuser
Jakob Kuoni: Sagen des Kantons Sankt Gallen. Sankt Gallen 1903.

Der Geist der Mutter
Franz Josef Vonbun: Die Sagen Vorarlbergs. Innsbruck 1889.

Der Teufel im Thurgau
A. Oberholzer: Thurgauer Sagen. Frauenfeld 1912.

So lieb wie das Salz
Johannes Künzing: Unser Ätti erzählt. Krailling vor München 1943.

Die Toten streiten
Alexander Schöppner: Sagenbuch der Bayrischen Lande. München 1852.

Selbst tun, Selbst haben
Franz Josef Vonbun: Die Sagen Vorarlbergs. Innsbruck 1889.
Petrus am Bodensee
Nach mündlicher Erzählung.
Aufgezeichnet und neu erzählt von Sigrid Früh.
Die verleumdete Gräfin
Otto Sutermeister: Kinder- und Hausmärchen aus der Schweiz, 1873.
Der Text stammt aus dem Kanton Sankt Gallen.
Die tapferen Frauen von Warth
Nach mündlicher Erzählung unter Einbeziehung von Dr. Margrit Früh,
Ittinger Museum, in der Kartause Ittingen, 1996.
Die Bregenzerwäldlerinnen im Schwedenkrieg
Josef Elsensohn: Sagen und Volksglauben im innern Bregenzer Wald.
Bregenz 1866.
Das mutige Thurgauer Mädchen in Konstanz
W. Pirckheimer: Schweizerkrieg. München 1895.
Die treue Amme auf Bodman
Theodor Lachmann: Überlinger Sagen, Bräuche und Sitten.
Konstanz 1909.
Der Pfullendorfer Brotlaib
Zimmersche Chronik. Hrsg. Karl August Barack. Tübingen 1869.
Die beherzte Jungfrau mit der Kunkel
Franz Josef Vonbun: Die Sagen Vorarlbergs. Innsbruck 1889.
Die Freifrau von Tengen
August Schnezler: Badisches Sagenbuch Band I. Karlsruhe 1846.
Die zwei Häfen
Johannes Pauli: Schimpf und Ernst. Straßburg 1597.
Kaiserin Helena und Emerius
Thomas Lirer von Rankweil: Alte Schwäbische Geschichten. Lindau 1761.
Sankta Orilla
Alexander Schöppner: Sagenbuch der Bayrischen Lande. München 1852.
Das Privileg der Äbtissin
Vossische Zeitung. Berlin 1780.
Ehrguta von Bregenz
Franz Josef Vonbun: Die Sagen Vorarlbergs. Innsbruck 1889.
Die Retterin von Hirschtal
Gaudentius Koch: Alemannisches. Geschichten vom Bodensee und anderes.
Bregenz 1931.
Konrad von Fridingen
Otto Fritz: Badische Sagen in Dürrs Sammlung Deutscher Sagen. Leipzig 1929.
Die geraubten Stadtschlüssel
Zimmersche Chronik. Hrsg. Karl August Barack. Tübingen 1869.

Der sterbliche Poltergeist
Anton Birlingen. In: Alemannia 1874.
Das heimliche Gericht
Theodor Lachmann. In: Alemania 1889.
Der ehrsüchtige Zunftmeister
Alois Wiehl: Heimatperlen aus Geschichte und Sage Oberschwabens.
Ulm 1930.
Der Gallenbrunnen
Jakob Kuoni: Sagen des Kantons Sankt Gallen. Sankt Gallen 1903.
Der Prälat im feurigen Wagen
Lucian Reich: Die Insel Mainau und der Badische Bodensee.
Karlsruhe 1856.
Der Konradsbrunnen
Franz Josef Vonbun: Die Sagen Vorarlbergs. Innsbruck 1889.
Woher die Gangfische ihren Namen haben
Paul Dorpert: Rund um den Bodensee. Überlingen 1934.
Gastfreundschaft
Kalenderblatt. Aufgezeichnet von Silvia Studer-Frangi.
Der verzauberte Wald
Zimmersche Chronik. Hrsg. Karl August Barack. Tübingen 1869.
Der wiedergefundene Domschatz
J. Waibel und H. Flamm: Badisches Sagenbuch. Freiburg 1899.
Das vermauerte Zwingtor
Xaver Staiger: Meersburg am Bodensee. Konstanz 1861.
Das abenteuerliche Weinfass
Altüberlieferte Geschichte, nach mündlicher Erzählung.
Aufgezeichnet von Silvia Studer-Frangi.
Das bessere Gebet
Grimmelshausen: Des Abenteuerlichen Simplicissimi Ewigwährender
Calender. Nürnberg 1670.
Die Legende des heiligen Pirmin
Anton Birlinger: Aus Schwaben. Sagen, Legenden, Aberglauben, Band I.
Wiesbaden 1874.
Der Geist des Abtes
Zimmersche Chronik. Hrsg. Karl August Barack. Tübingen 1869.
Eppo von Nellenburg
Josef Bader: Meine Fahrten und Wanderungen im Heimatlande.
Freiburg 1853.
Graf Gero von Montfort
Zimmersche Chronik. Hrsg. Karl August Barack. Tübingen 1890.
Überraschende Hochzeit zu Bodman
August Schnezler: Badisches Sagenbuch Band I. Karlsruhe 1846.

Der letzte Herr von Steinach
Jakob Kuoni: Sagen des Kantons Sankt Gallen. Sankt Gallen 1903.
Das Grab des Hunnenkönigs
Theodor Lachmann: Überlinger Sagen, Bräuche und Sitten. Konstanz 1909.
Dagobert im Schiff
Brüder Grimm: Deutsche Sagen. Berlin 1818.
Kaiser Karl der Dicke
August Schnezler: Badisches Sagenbuch Band I. Karlsruhe 1846.
Die Ungarn in Sankt Gallen
Karl Wehrhahn: Sagen des Mittelalters. Jena 1920.
Der Poppele auf Hohenkrähen
Ernst Meier: Deutsche Sagen, Sitten und Gebräuche aus Schwaben.
Stuttgart 1852.
Graf Ulrich und Wendelgard
Martin Crusius: Schwäbische Chronik, übersetzt von J. J. Moser.
Frankfurt 1733.
Der Überlinger Schwerttanz
Theodor Lachmann: Überlinger Sagen, Bräuche und Sitten.
Konstanz 1909.
Der Reiter und der Bodensee
Schwäbische Sage, von Gustav Schwab nach mündlicher Überlieferung in seiner
Ballade 1826 bearbeitet. Gedichte, Band 1. Stuttgart und Tübingen 1828.
Das Mütterlein mit dem Spinnrad
Franz Josef Vonbun: Die Sagen Vorarlbergs. Innsbruck 1889.
Die weiße Frau von Rosenegg
Käthe Recheis: Sagen aus Österreich. Wien o. J.
Die Rosen der Tegelsteinerin
Albert Schmidt: Der Bodensee im Wandel der Zeiten. Konstanz 1929.
Der Schatzgräber vom Schlossberg
Franz Josef Vonbun: Die Sagen Vorarlbergs. Innsbruck 1889.
Der Schatz im Höwen
Zimmersche Chronik. Hrsg. Karl August Barack. Tübingen 1869.
Die Goldkäfer
Bernhard Baader: Volkssagen aus dem Lande Baden und den
angrenzenden Gegenden. Karlsruhe 1851.
Spuk bei Ludwigshafen
J. Waibel und H. Flamm: Badisches Sagenbuch. Freiburg 1899.
Die Kirchenentheiligung
Bernhard Baader: Volkssagen aus dem Lande Baden und den
angrenzenden Gegenden. Karlsruhe 1851.
Der Saumichel und der Teufel
Theodor Lachmann: Überlinger Sagen, Bräuche und Sitten. Konstanz 1909.

Verrufene Richtstätte
Zimmersche Chronik. Hrsg. Karl August Barack. Tübingen 1869.
Haftende Blutflecken
ebenda
Das Frauenlicht bei Röhrenbach
Theodor Lachmann: Überlinger Sagen, Bräuche und Sitten. Konstanz 1909.
Der Kirchenbau von Altheim
J. Waibel und H. Flamm: Badisches Sagenbuch. Freiburg 1899.
Der Kleebhund
Jakob Kuoni: Sagen des Kantons Sankt Gallen. Sankt Gallen 1903.
Der Minkreiter bei Bambergen
J. Waibel und H. Flamm: Badisches Sagenbuch. Freiburg 1899.
Unterirdische Schätze
J. Waibel und H. Flamm: Badisches Sagenbuch. Freiburg 1899.
Die Geist der Gunzo-Burg
Theodor Lachmann: Überlinger Sagen, Bräuche und Sitten. Konstanz 1909.
Das weiße Fräulein
Anton Birlinger: Volkstümliches aus Schwaben. Freiburg 1861.
Die Schatzgräber
Jakob Kuoni: Sagen des Kantons Sankt Gallen. Sankt Gallen 1903.
Die Schlange mit dem goldenen Krönlein
Franz Josef Vonbun: Die Sagen Vorarlbergs. Innsbruck 1889.
Bregenzer Goldwasser
ebenda
Der Schatz in der Burghalde
Theodor Lachmann: Überlinger Sagen, Bräuche und Sitten. Konstanz 1909.
Die Kröten
Jakob Kuoni: Sagen des Kantons Sankt Gallen. Sankt Gallen 1903.
Der Dreizehnte
Franz Josef Vonbun: Die Sagen Vorarlbergs. Innsbruck 1889.
Das zänkische Weib
Lucian Reich: Die Insel Mainau und der Badische Bodensee. Karlsruhe 1856.
Das Nachtvolk blendet
Franz Josef Vonbun: Die Sagen Vorarlbergs. Innsbruck 1889.
Die Eidechse und die Schlange
ebenda
Der Haslemann
Theodor Lachmann: Überlinger Sagen, Bräuche und Sitten. Konstanz 1909.

Die Klausenburg
Theodor Lachmann: Überlinger Sagen, Bräuche und Sitten.
Konstanz 1909.
Das Kruzifix auf der Mainau
Bernhard Baader: Volkssagen aus dem Lande Baden, Band I.
Karlsruhe 1851.
Das Plattenwibli
Jakob Kuoni: Sagen des Kantons Sankt Gallen. Sankt Gallen 1903.
Der Hasenholzgeiger
Dino Larese: Sankt Galler Sagen. Basel o. J.
Das versunkene Schloss
ebenda
Hero und Leander am See
Ottmar Schönhuth: Die Burgen, Klöster, Kirchen und Kapellen Badens
und der Pfalz. Lahr 1860/61.
Die Hexensteine bei Lindau
Alexander Schöppner: Sagenbuch der Bayrischen Lande. München 1852.
Das Grab im See
Sage aus Gottlieben, nach mündlicher Erzählung.
Aufgezeichnet von Silvia Studer-Frangi.
Der Riese
Jakob Kuoni: Sagen des Kantons Sankt Gallen. Sankt Gallen 1903.
Der Geißbub auf der Martinswand
H. Gabathuler: Wartauer Sagen. Buchs 1938.
Der feurige Fischer auf dem Bodensee
Ernst Meier: Schwäbische Volkssagen. In: Zeitschrift für deutsche
Mythologie und Sittenkunde. Göttingen 1853.
Das Lindauer Ehrenmännlein
Alexander Schöppner: Sagenbuch der Bayrischen Lande. München 1852.
Der gute Geist
Dino Larese: Liechtensteiner Sagen. Basel o. J.
Christus und Petrus in Lindau
Karl Reiser: Sagen, Gebäuche und Sprichwörter des Allgäus, Band I.
Kempten 1895.
Von der Kraft des Weihwassers
Zimmersche Chronik. Hrsg. Karl August Barack. Tübingen 1869.
Die Pfullendorfer Stegstrecker
Bernhard Baader: Volkssagen aus dem Lande Baden und den
angrenzenden Gegenden. Karlsruhe 1851.
Der gewitzte Bauer
Grimmelshausen: Des Abenteuerlichen Simplicissimi Ewigwährender
Calender. Nürnberg 1670.

Der Ochs am Bodensee
Ernst Meier: Schwäbische Sagen. In: Zeitschrift für deutsche Mythologie und Sittenkunde. Göttingen 1853.
Die Stockacher Narrenzunft
Heinrich Bettinger: Die Stockacher Narrenzunft. Stockach 1930.
Das Nesselwanger Bergrücken
Theodor Lachmann: Überlinger Sagen, Bräuche und Sitten. Konstanz 1909.
Sankt Petrus und der Schmied
Anton Birlinger: Volkstümliches aus Schwaben. Freiburg im Breisgau 1861.
Der Besuch des Kaisers
Württembergische Volksbücher: Lustige Geschichten. Stuttgart o. J.
Die geborgenen Glocken
ebenda
Die Erlaubnis zu sterben
Theodor Lachmann: Überlinger Sagen, Bräuche und Sitten. Konstanz 1909.
Die Kuhglocke
J. Waibel und H. Flamm: Badisches Sagenbuch. Freiburg 1899.
Der mutige Bursch im Beinhaus
Adolf Dörler: Sagen und Märchen aus Vorarlberg.
In: Zeitschrift des Vereins für Volkskunde XVI. Berlin 1906.
Die Eisschreiber
Bernhard Baader: Neugesammelte Volkssagen aus dem Lande Baden und den angrenzenden Gegenden. Karlsruhe 1859.
Schlafende Nachtwächter
Lucian Reich: Die Insel Mainau und der Badische Bodensee. Karlsruhe 1856.
Das Schneekind
Uhlands Schriften zur Geschichte der Dichtung und Sage, Band 7. Stuttgart 1868.
Der fahrende Schüler und die Müllerin
Johannes Pauli: Schimpf und Ernst. Straßburg 1597.
Das Füllen
Hans Wilhelm Kirchhoff: Wendunmut. Straßburg 1602.
Der Heiratswunsch der Witwe
Nach mündlicher Erzählung. Aufgezeichnet von Sigrid Früh.
Der schwäbische Riese Einheer
Martin Crusius: Schwäbische Chronik, übersetzt von J. J. Moser. Frankfurt 1733.
Der schwäbische Heiland
August Schnezler: Badisches Sagenbuch Band I. Karlsruhe 1846.
Die sieben Schwaben in der Schweiz
Anton Birlinger: Volkstümliches aus Schwaben. Freiburg im Breisgau 1861.

Weiterführende Literatur

Beutten, Hermann: Bodensee-Dichterspiegel. Konstanz 1949.
Bodensee. Deutsches, österreichisches und Schweizer Ufer.
    München und Zürich 1989.
Der Bodensee. Eine Kulturlandschaft gestern und heute. Zürich 1981.
Der Bodensee in Dichtung und Bildern. Stuttgart 1925.
Hesse, Hermann: Bodensee. Sigmaringen 1980.
Lüthi, Max: Volksmärchen und Volkssage. Zwei Grundformen erzählerischer
    Dichtung. Bern 1961.
Lüthi, Max: Das europäische Volksmärchen. Bern 1947.
Mörike, Eduard: Idylle vom Bodensee. Lindau 1947.
Scholz, Wilhelm von: Der See. Konstanz 1916.

Bildquellen

S. 53 und S. 194: Stiche von Adolf Ehrhardt, 1836.
S. 61: Stich von Anton Dietrich, 1836.
S. 72: Der Bodensee mit der Darstellung des Schweizerkriegs von 1499,
    Kupferstich des Monogrammisten P P W von 1505.
S. 82: Meersburg, Lithographie von Julius Greth, um 1850.
S. 94 und S. 156: Stiche von W. Camphausen, 1836.
S. 108: Der heilige Pirmin segnet die Reichenau, während im Vorderund die
    Ungeheuer fliehen, Gemälde im Münster Sankt Maria und Sankt Markus
    in Mittelzell.
S. 112: Burg Montfort, Zeichnung auf einem Stammbaum der Grafen von
    Montfort, um 1580.
S. 145: Bregenz, nach einem alten Stich, aus der »Bodensee-Fibel«
    von Willy Küsters, 1944.
S. 191: Zeichnung von Otto Speckter, 1833.
Alle anderen Abbildungen: Xylographien von Ludwig Richter, um 1850.